Tilman Lenssen-Erz und Marie-Theres Erz

BRANDBERG

Der Bilderberg Namibias
Kunst und Geschichte einer Urlandschaft

thorbecke
SPELÄOTHEK 5

Tilman Lenssen-Erz und Marie-Theres Erz

BRANDBERG

Der Bilderberg Namibias
Kunst und Geschichte einer Urlandschaft

Herausgegeben und mit einem Vorwort
von Gerhard Bosinski

Geleitwort
von Paul Bahn

Jan Thorbecke Verlag
2000

Die Deutsche Bibliothek - CIP-Einheitsaufnahme

Lenssen-Erz, Tilman
Brandberg : der Bilderberg Namibias ; Kunst und Geschichte einer Urlandschaft / Tilman Lenssen-Erz und Marie-Theres Erz. Hrsg. und mit einem Vorw. von Gerhard Bosinski. Geleitw. von Paul Bahn. - Stuttgart : Thorbecke, 2000
(Thorbecke-Speläothek : 5)
ISBN 3-7995-9030-7

thorbecke SPELÄOTHEK – Kunst und Kultur der steinzeitlichen Jäger • Band 5

Bildnachweis:
P. Breunig: 107, 108. T. Lenssen-Erz: 17, 18, 104. C. Neufang: 5. H. Pager: 6, 7, 51, 52, 54, 57, 60, 110, 124. Alle übrigen Bilder: M.-Th. Erz. Abb. 73 wurde entnommen: P. Apps, Wild Ways, Southern Book Publishers, Halfway House, 1992. Heinrich-Barth-Institut: 78.

Dieses Buch ist aus alterungsbeständigem Papier nach DIN-ISO 9706 hergestellt.

Lektorat: Peter Nittmann
Herstellung und Layout: DOPPELPUNKT, Leonberg
Umschlaggestaltung: NeufferDesign, Freiburg i. Br.
Satz: Jan Thorbecke Verlag GmbH & Co., Stuttgart
Reproduktionen: Schwabenverlag AG, Ostfildern
Karten: Kartographie, Eppelheim
Druck und Bindearbeiten: Süddeutsche Verlagsgesellschaft, Ulm

Printed in Germany

ISBN 3-7995-9030-7

Inhalt

Geleitwort

Es ist Vergnügen und Ehre in einem, ein Geleitwort zu diesem prächtigen Band zu verfassen, der einer der weltweit schönsten Stätten der Felskunst gewidmet ist. Ich möchte die sich bietende Gelegenheit wahrnehmen, um dem verstorbenen Harald Pager – fraglos dem fähigsten Fachmann für die Dokumentation von Felskunst, dessen Leistungen unübertroffen bleiben – meine Reverenz zu erweisen und zugleich den Verfassern, Tilman Lenssen-Erz und Marie-Theres Erz, meine Anerkennung für ihre Arbeit zu zollen. Pagers Forschungen über die Felskunst des Brandbergs zählen zweifellos zu den umfassendsten und sorgfältigsten Unternehmungen, die auf diesem Gebiet je stattgefunden haben, und es kann auch keinem Zweifel unterliegen, daß dieser erbarmungslose Berg die dem Wissenschaftler vergönnte Lebensspanne verkürzt hat. Als ich selbst eine verhältnismäßig kurze Bekanntschaft mit den Klüften und Steilwänden dieses abweisenden und doch so schönen Gebirgsmassivs machte, mußte ich mich ungläubig fragen, wie jemand acht Jahre unablässig damit verbringen konnte, die Hänge hinauf- und hinabzusteigen, sich für längere Aufenthalte in der felsigen Einöde einzurichten und dabei noch Zeichnungen anzufertigen, die zu den genauesten, detailliertesten und vollständigsten Werken der Felsbildforschung zu rechnen sind. Die Nachwelt ist ihm hierfür zu tiefem Dank verpflichtet.

Nach seinem Tod hat es das in Köln ansässige Heinrich-Barth-Institut, in dem auch Pagers Brandberg-Archiv untergebracht ist, zur Aufgabe gemacht, das gesamte Werk fortlaufend in stattlichen Bänden zu veröffentlichen, die aufgrund ihrer Qualität und ausgezeichneten Wiedergabe der Motive beachtliche Aufmerksamkeit erzielten. Es ist insbesondere das Verdienst von Tilman und Marie, bei wiederholten Besuchen in den Schluchten des Brandbergs Pagers Arbeit systematisch überprüft und fortgeführt zu haben sowie mit Unterstützung seiner einstigen Assistenten dieses einzigartige Corpus aus Zehntausenden von Bildern in quantitativer wie qualitativer Hinsicht zu erfassen und so objektiv wie möglich einer Analyse zu unterziehen. Der Band, den der Leser nun in Händen hält, stellt eine vorzügliche Zusammenfassung dieser Bemühungen dar, zumal er eigens für erheblich größere Publikumskreise konzipiert worden ist.

Ein solches Zusammentragen „harter Fakten" erfreut sich in manchen Zirkeln der Felsbildforschung nicht gerade besonderer Beliebtheit, gilt vielmehr als geist- und ziellos und gerät zugunsten liebgewordener Theorien und Deutungen ins Hintertreffen. Konstrukte dieser Art beruhen meist auf Wunschdenken und Spekulation und beziehen sich eher auf einige wenige handverlesene Figuren als auf das gesamte Repertoire der Felskunst. Solchen Theorien ist keine Dauer beschieden, sie kommen und gehen, haben Konjunktur und fallen der Vergessenheit anheim. Was aber bleibt, sind eben diese „harten Fakten" – als unschätzbare Grundlage allen zukünftigen Wissens und Verständnisses. Es ist den beiden Verfassern sowie ihrem Institut dafür zu danken, daß sie so viel Zeit und Mühe für die vollständige Publikation dieses wissenschaftlichen Projekts verwenden. Es bleibt zu hoffen, daß die finanziellen Probleme, die bislang noch jedem Band dieser Reihe zusetzten, unter Kontrolle gehalten werden können, bis das ganze Vorhaben zu einem erfolgreichen Abschluß gebracht worden ist. Es befremdet schon ein wenig, wenn, wie kürzlich geschehen, Hunderttausende von Dollars ausgegeben werden, um von einem einzigen entlegenen gravierten Bilderfries in der Sahara Abgüsse anzufertigen und sich um dessen Erhaltung zu sorgen, obwohl es doch zu keinem Zeitpunkt gefährdet war. Die Ironie der ganzen Geschichte besteht nun darin, daß die von den Medien geschürte Euphorie um dieses Projekt so viele Touristen angelockt hat, daß diese Stätte mittlerweile ernsthaft in Gefahr geraten ist. Ein solcher Betrag wäre besser aufgehoben gewesen, wenn man damit die Tausende von Figuren aus Pagers Nachlaß publiziert und somit der Nachwelt erhalten hätte.

Die Veröffentlichungen über den Brandberg sind in mehrfacher Hinsicht von entscheidender Bedeutung: Zum einen verschaffen sie den Fachleuten und „Liebhabern" in aller Welt Zugang zu dieser Kunst, andererseits aber lenken sie die Aufmerksamkeit einer breiten Öffentlichkeit auf die Tatsache ihres Vorhandenseins und fördern somit wiederum die wirtschaftlichen Verhältnisse in der Region. Die Einheimischen schätzen ihr kulturelles Erbe nun in ganz neuer Weise; die Kunsthandwerker vor Ort lassen sich von den Motiven der Felskunst inspirieren, wenn sie Andenken für die stetig wachsende Zahl von Besuchern herstellen. Nimmt man noch hinzu, daß Ortsansässige ihren Unterhalt als ausgebildete Touristenführer verdienen, so stellen alle diese Faktoren im Verbund jene bitter nötige Einkommensquelle dar, die Städten wie Uis und anderen Gemeinden aufhelfen. Dieses von Tilman so sachverständig geschriebene und mit Photographien von Marie-Theres wunderschön illustrierte Buch wird, da bin ich mir sicher, dieselben nutzbringenden Folgen zeitigen.

Hull, Oktober 1999 *Paul G. Bahn*

Vorwort des Herausgebers

Deutsch-Südwest war eine Episode deutscher Geschichte. Am Anfang des 20. Jahrhunderts haben unsere Landsleute hier nicht besser und nicht schlechter als andere Kolonialherren geherrscht. Zu meinen Kindheitserinnerungen gehört ein Bild, das meinen Großvater, Lokomotivführer in Südwest, mit dem linken Fuß auf einem erlegten Leoparden zeigt. Mit dem Ersten Weltkrieg war dies vorbei; es dauerte allerdings noch mehr als ein halbes Jahrhundert, bis die »Eingeborenen« selbst über ihr Land und Geschick entscheiden durften und das heutige Namibia entstand.

Der vorliegende Band hat auch mit dieser Geschichte zu tun. Die Felsbilder des Brandberges wurden von deutschen Kolonialsoldaten – H. Jochmann 1909, Reinhard Maack 1918 – entdeckt. Henri Breuil, der erste Erforscher der Malereien, war in den vierziger Jahren allerdings in anderer Weise von den Deutschen beeinflußt, indem er aus seiner von deutschen Truppen besetzten französischen Heimat hierher auswich. Die folgenden Arbeiten wurden wieder von Deutschen durchgeführt. Ernst R. Scherz, Helfer und »junger Mann« von Henri Breuil, setzte die Erforschung der Felsbilder Namibias nach dem Zweiten Weltkrieg fort. Der Brandberg und seine Malereien sind jedoch für immer mit Harald Pager verbunden, dessen Leben sich hier erfüllte.

Inzwischen hatte unser Kölner Institut die Schirmherrschaft dieser Arbeiten übernommen. Hermann Schwabedissen förderte die Untersuchungen von Scherz und Pager und schuf ein Forschungsprogramm, innerhalb dessen Wolfgang E. Wendt, später Peter Breunig und Jürgen Richter Ausgrabungen durchführten, die zur Datierung der Felskunst in Namibia beitragen sollten. Das von Rudolph Kuper mit bewundernswerter Beharrlichkeit geschaffene Heinrich-Barth-Institut am Institut für Ur- und Frühgeschichte der Universität zu Köln wurde zur Heimstatt der Arbeiten. Hier wurden und werden die von Harald Pager dokumentierten 45000 Darstellungen von fast 900 Fundstellen im Brandberg von T. Lenssen-Erz bearbeitet. Der Deutschen Forschungsgemeinschaft ist sehr für die Unterstützung dieses wichtigen Vorhabens zu danken.

Der Brandberg ist eine Insel aus Granit in einer Ebene aus Wüste und Savanne. Es war der Olymp der im Umkreis lebenden Menschen. Die hier auf Granit gemalten Menschen und Tiere entstammen der Welt der Jäger und Sammler. Die dargestellten Tiere – Springbock, Antilopen, Zebra, Giraffe – lebten allerdings nicht hier, sondern unten in der Ebene. Auch die Menschen, deren Bilder in den Malereien vorherrschten, hielten sich normalerweise unten auf. Waren es Notzeiten wie Dürreperioden, die die Menschen auf den Berg mit seinen Wasserreservoirs trieben, oder waren es religiöse Gründe?

Tilman Lenssen-Erz sieht in den vor vielleicht 3000 Jahren entstandenen Bildern die Quintessenz des überlieferten Wissens der damaligen Menschen, dessen Bewahrung kostbar war. Zusammen mit den Resten der materiellen Kultur (Steingeräte, Schmuck), der Nahrung (Tierknochen, Kerne von Früchten) und der Siedlungsplätze sind es Zeugnisse einer verschwundenen Kultur der Jäger und Sammler, in der die Landschaft, die Tiere und die Menschen eine unauflösliche Einheit bildeten.

Monrepos, September 1999 *Gerhard Bosinski*

Der Brandberg – eine Landschaft voll Härte und Schönheit

Dieser Berg ist nicht für Menschen geschaffen. Ein Meer von Granitbrocken wogt zu einem Gebirge auf; von der sengenden Sonne in Brand gesetzt, erglüht es rot im Abendlicht. Rauheit und Hitze, Härte und Trockenheit – wie könnten sich Gefahr und Lebensfeindlichkeit dem Menschen drastischer zeigen? Öd und kahl wirkt er aus der Ferne, schroff und unbezwingbar in der Nähe. Und doch gibt es Schönheit und Kunst inmitten all dieser Derbheit – von Menschenhand geschaffen.

Wir sind im Brandberg in Namibia, umgeben von der Namib, einer Wüste, die wohl eine Million Jahre alt ist. Tier- oder Pflanzenarten, die hier überleben wollten, mußten sich über Jahrhunderttausende anpassen und ihr Leben ganz auf ein Ringen um das lebenswichtige Wasser einstellen. So findet sich hier die wundersame Welwitschia, *Welwitschia mirabilis*, eine Pflanze, die mehrere tausend Jahre alt werden kann und von der noch niemand genau weiß, wie sie ihr Wasser aufnimmt. Ohne Wurzeln ruht sie auf dem Wüstenboden, und dennoch ist sie mit dem Land eng verwurzelt: an keinem anderen Ort der Welt kommt diese Pflanze vor, einzig in der Namib-Wüste.

Anpassen auf Leben und Tod – beherrscht dies auch der Mensch? Oder ist das Überleben in dieser Umgebung nur eine Willensfrage? Genügt es, diese widrigen Umstände allein geistig zu bewältigen?

Darauf hält der Brandberg Antworten bereit, die von Menschen vor Tausenden von Jahren gegeben wurden. Diese Menschen waren Maler, die ihre Ideen und Ideale, ihre Wünsche, Beschwörungen und Hoffnungen in Bilder faßten und sie auf Felswänden überall auf dem Berg hinterließen. Dadurch wird dieses Inselgebirge zu einer einzigartigen Schatzinsel. Denn es gibt hier etwa eintausend Felsbildstellen und in ihnen 50 000 Darstellungen aus einer Zeit, lange bevor der erste Weiße seinen Fuß in dieses Land setzte. Als die Europäer schließlich in ihrer unverwechselbaren Melange aus Missionaren, Glücksrittern und Hasardeuren kamen, hatten die Bewohner des Landes längst aufgehört zu malen. Zumindest in der Mitte und im Norden der Region traf niemand einen noch tätigen Künstler an. Waren sie weggegangen, oder waren sie vertrieben worden? Hatten sich die Gründe für das Malen erübrigt, oder gab es einen Ersatz dafür?

Neben diesen Fragen befaßt sich die Felsbildforschung auch mit Sinn und Funktion der Malerei. Es wird viel erwartet und viel verlangt von dieser Wissenschaft, denn schließlich liegen mit den urgeschichtlichen Felsbildern einzigartige Zeugnisse vor. Keine andere Quellengattung ermöglicht uns einen solch tiefen Einblick in Denken und Wahrnehmung der Menschen, die vor Jahrtausenden lebten. Die Felsbildforschung ist damit ein wichtiger Bestandteil der wissenschaftlichen Erkundung der Urgeschichte: Andere archäologische Spezialdisziplinen können zwar einiges über den Lebensraum und die Wirtschaftsweise der Menschen aussagen, jedoch nur wenig darüber, wie sie dachten und fühlten.

1. Abend für Abend entzündet die untergehende Sonne ein feuriges Rot auf dem Granit des Brandbergs.

2. *Welwitschia mirabilis* – eines der Wahrzeichen Namibias, denn sie existiert nur in der Namib-Wüste bis hinauf nach Angola. Sie hat keine Wurzeln und deckt, wie man heute annimmt, ihren Wasserbedarf über die Luftfeuchtigkeit, die durch die Blätter aufgenommen wird. Sie besitzt nur zwei Blätter, die niemals abfallen, sich aber seitlich auf den Boden legen und so zerfasern, daß man mehrere Blätter zu erkennen vermeint. Schätzungen zufolge kann sie ein Alter von über tausend Jahren erreichen. Dieses Prachtexemplar am Fuß des Brandbergs ist vielleicht erst 200 bis 300 Jahre alt.

Steinalt, doch lange unentdeckt

Zu Beginn des 20. Jahrhunderts war Namibia noch eine deutsche Kolonie, und das Land ächzte unter der Herrschaft der kaiserlichen Kolonialtruppen. Das Volk der Herero büßte 1904 für seinen Drang nach Selbstbestimmung mit einem Völkermord durch die sogenannte »Schutztruppe«. Um 1908 war dann auch der letzte Widerstand der Nama im Süden des Landes gebrochen, und die Soldaten fanden nun Zeit für andere Beschäftigungen. So entdeckte der deutsche Offizier H. Jochmann 1909 die ersten Bilder am Fuß des Brandberges, zeichnete sie ab und veröffentlichte sie in einer populären Berliner Wochenzeitschrift. Auch der Entdecker der »Weißen Dame«, Reinhard Maack, war bei der deutschen Truppe als Landvermesser tätig gewesen. Er stellte einige seiner Felsbildkopien den Prähistorikern Hugo Obermaier und Herbert Kühn zur Verfügung, die sie 1930 publizierten. Zunächst war also die Erforschung der Felsbilder Namibias eine Domäne von interessierten Laien, ehe die Wissenschaftler darauf aufmerksam wurden.

Die erste intensive wissenschaftliche Beschäftigung mit den Felsbildern setzte schließlich Ende der vierziger Jahre ein, als der berühmte französische Priester und Prähistoriker Henri Breuil sich der Felskunst des südlichen Afrika zuwandte. Er fertigte zahlreiche Kopien von Felsbildern an und stellte sie in einer Reihe aufwendiger Bildbände der Öffentlichkeit vor. In diesen Werken hinterließ er auch umfassende Interpretationen der Malereien, die aber stark von seinen Auffassungen der europäischen Stilkunde und einem evolutionären Geschichtsverständnis geprägt sind.

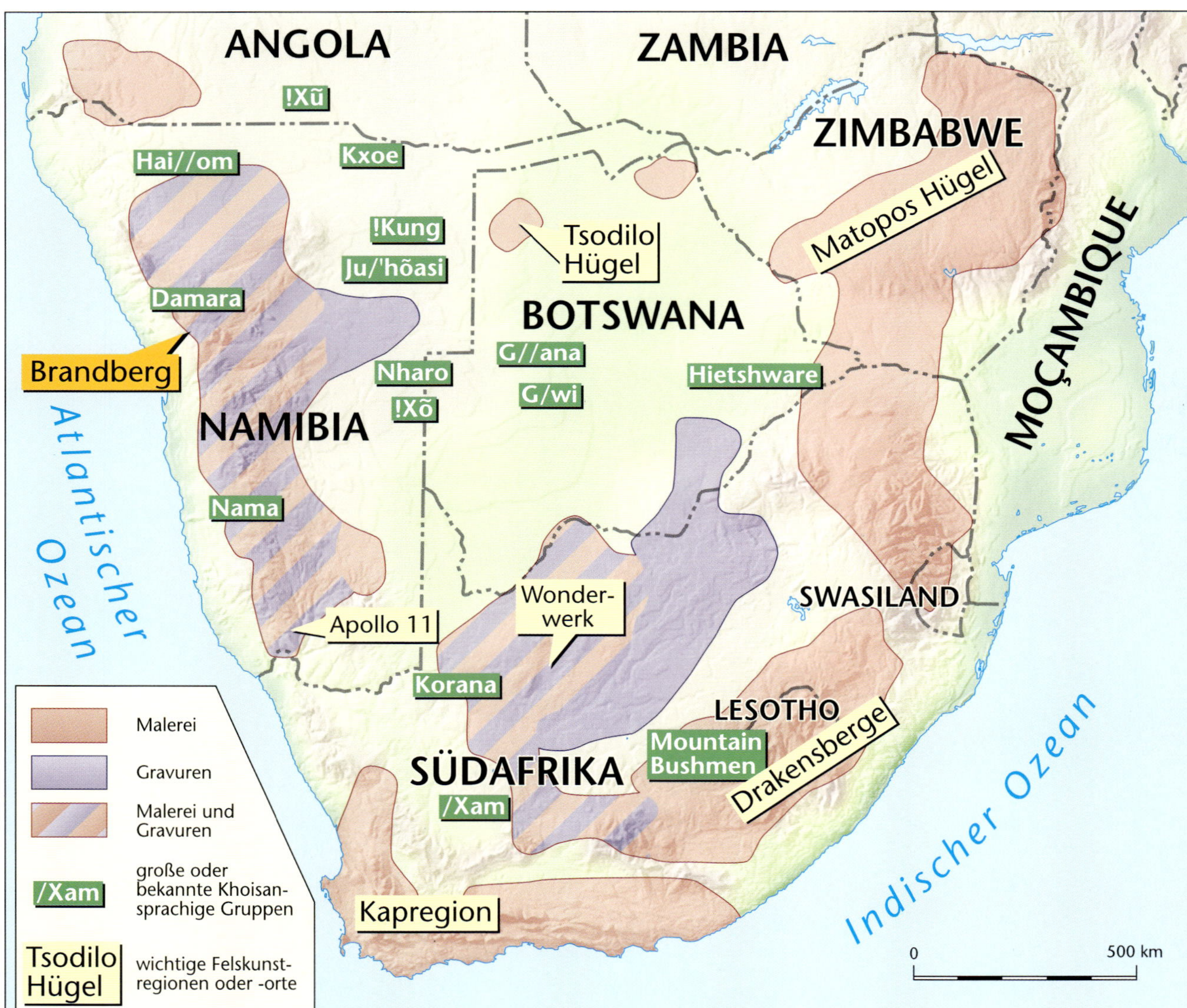

3. Die Verbreitung von Felskunst im südlichen Afrika. Neben einigen wichtigen Felsbildorten oder -regionen sind auch Namen von großen oder bekannten Khoisan-sprachigen Gruppen verzeichnet. Einige von ihnen, wie die im Gebiet Südafrikas, existieren heute nicht mehr.

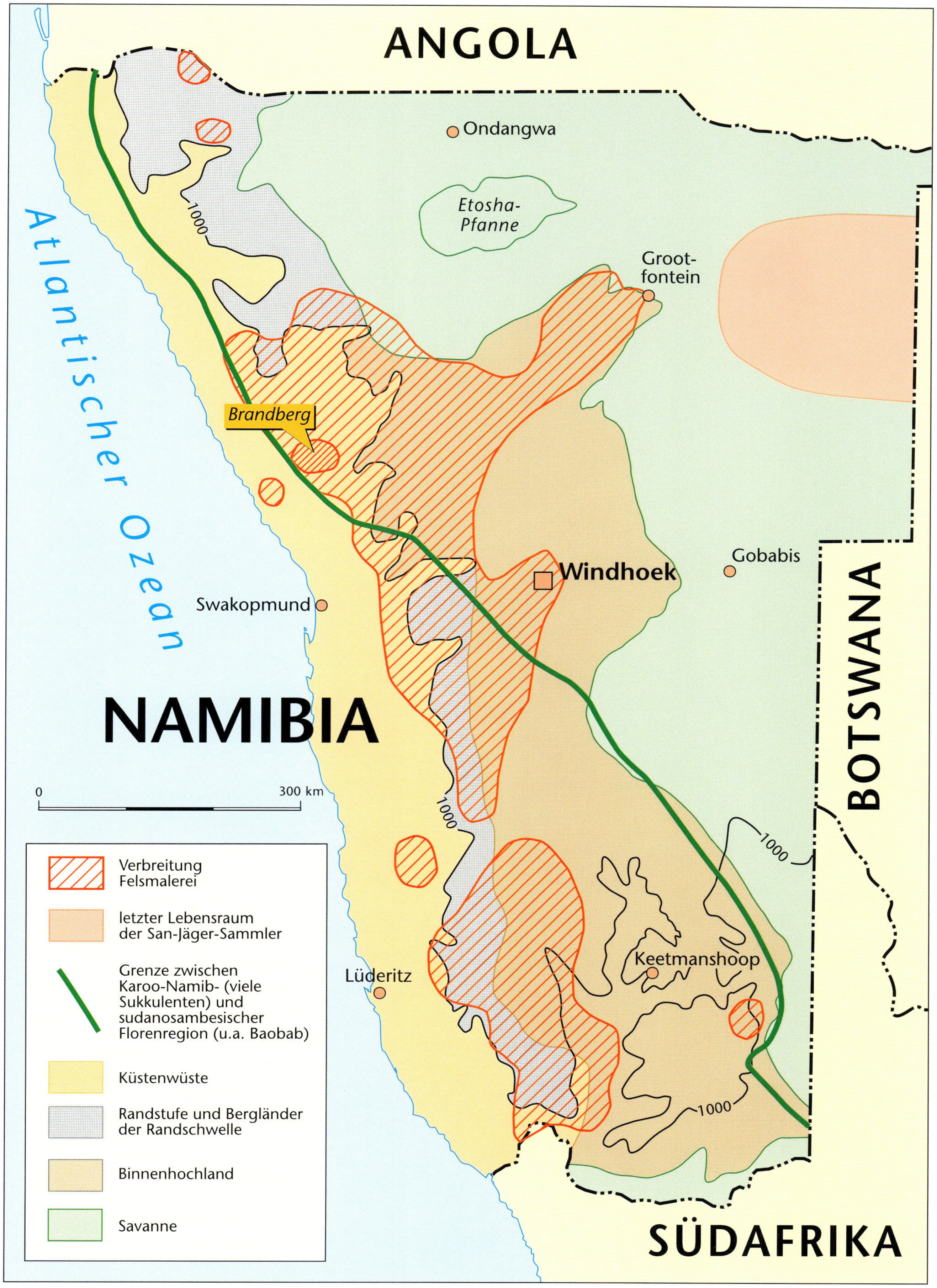

4. Verbreitung der Felsmalereien in Namibia. Die großen Landschaftsräume sind ebenso verzeichnet wie die Grenze zwischen zwei der wichtigsten Pflanzenregionen Afrikas. Im Nordosten des Landes ist in der Kalahari der letzte Lebensraum der San-Jäger-Sammler markiert.

5. Diese bemalte Platte aus der Apollo-11-Grotte war schon vor 27 000 Jahren zerbrochen, beide Teile lagen aber nah beieinander, als sie ausgegraben wurden. Es fanden sich noch weitere Platten mit Spuren von Malereien, doch ist bei keiner das Motiv so deutlich und vollständig wie hier.

Nach Henri Breuil war die Archäologie von dem Streben geprägt, durch möglichst intensives Sammeln von Daten einen methodisch festen Grund zu schaffen. Die empirische Forschung galt als der Königsweg der Archäologie. Dahinter stand der Wunsch, sich auch in den Geisteswissenschaften ein gewisses Maß von der Exaktheit und Berechenbarkeit der Naturwissenschaften anzueignen. Als Ausgangspunkt jeder Forschung betrachtete man die genaue Kenntnis des Untersuchungsgegenstandes und seine exakte Beschreibung. Auf dieser Maxime gründeten auch die Arbeiten über die Felskunst Namibias, die Ernst Rudolf Scherz, gefördert vom Institut für Ur- und Frühgeschichte an der Universität zu Köln, im Jahre 1963 begann. Von Haus aus Chemiker, fungierte Scherz außerdem als Geschäftsführer des Karakul-Schafzüchterverbandes und eignete sich überdies profunde Kenntnisse über die Felskunst Namibias an. So hatte er bereits Henri Breuil durch das Land und zu vielen Felsbildstellen geführt. Er machte sich zur Aufgabe, alle Malereien und Gravierungen Namibias zu dokumentieren, um so ein umfassendes Wissen über ihre Verbreitung und ihre Vielfalt zu erlangen.

6. Harald Pager verband Enthusiasmus mit Akribie – nur so war es möglich, über acht Jahre meistenteils im Brandberg zu leben und dort Felsbilder zu dokumentieren. Er zeichnete etwa 45 000 Figuren vom Felsen ab und nahm 879 Fundstellen maßstabsgerecht auf.

Damit ließ sich jedoch nicht die Frage nach der kulturellen Einbettung dieser Kunst beantworten, also das Problem, wer die Maler und Gravierer waren. Um sich hier einer Antwort anzunähern, mußte zuerst einmal das Alter der Bilder geklärt werden, und dafür sollten die üblichen archäologischen Methoden zur Anwendung kommen. So stellte das Kölner Institut ihm den Archäologen Wolfgang Wendt zur Seite, der an zahlreichen Felsbildstellen des Landes Ausgrabungen vornahm. Zwar gelang es ihm nicht, das Alter der Wandkunst zu eruieren, aber dennoch erbrachten seine Ausgrabungen eine Sensation: Er fand die ältesten Kunstwerke Afrikas, für die das spektakuläre Alter von 27 000 Jahren ermittelt wurde. Diese Datierung verweist an den Beginn des künstlerischen Schaffens des modernen Menschen. Damit wurde es spannend: Gab es eine Kontinuität, die von dieser frühen Kunstäußerung zu den anderen Wandmalereien führte?

Diese Frage sollten weitere Grabungskampagnen klären, die später von den Kölner Archäologen Peter Breunig und Jürgen Richter unternommen wurden. Allerdings konnten ihre Arbeiten eine fortlaufende Tradition in der Malerei nicht belegen (nähere Einzelheiten zur Datierung siehe im Kapitel 4).

Die Dokumentation der Felskunst Namibias war mit den Forschungen von Scherz, der darüber drei Bücher veröffentlichte, nicht abgeschlossen, denn er hatte den Brandberg ausgelassen. Er überließ es Harald Pager, die Bilder des Brandbergs aufzunehmen. Auch Pager war kein gelernter Archäologe, sondern Grafiker, doch er leistete eine Arbeit, die dem Schaffen anderer Wissenschaftler Maßstäbe setzt. Pager widmete sich seiner Aufgabe zwischen 1977 und 1985 mit unvergleichlicher Energie und Hingabe und verbrachte die meiste Zeit in der Einsamkeit des Gebirges. Ihm standen dabei stets zwei, manchmal drei namibische Feldassistenten zur Seite, die das tägliche Leben organisierten und vor allem neue Felsbildstellen für Pager suchten. Besonders Angula Shipahu erwarb sich hier große Verdienste, da er einige hundert solcher Stätten entdeckte. Und genau dies war es, worauf sich Pagers Ehrgeiz richtete: jeden bemalten Felsen aufzuspüren und zu dokumentieren. In jenen acht Jahren, in denen er sich dieser Arbeit hingab, ließ er nicht ein einziges Mal in seiner Akribie und seinem Eifer nach. So sind heute Hunderte von Quadratkilometern dieses unwegsamen Gebirges erschlossen, und dessen Felskunst ist auf höchstem wissenschaftlichen Niveau dokumentiert.

Harald Pager starb 1985, kurz bevor er sein Ziel erreicht hatte, alle Bilder des Brandberges aufzunehmen. Er hatte bis dahin bereits 85 Prozent des gesamten Bildschatzes bearbeitet, 879 Fundstellen maßstäblich gezeichnet und ungefähr 45000 Darstellungen kopiert, das heißt durchgepaust. Da Methode und Qualität der Dokumentation vollständig an seine Person geknüpft waren, setzte man die Feldaufnahmen nach seinem Tode nicht weiter fort und legte den Schwerpunkt nunmehr auf die Veröffentlichung des Materials. Derzeit sind bereits vier Bände mit den Malereien des Brandberges erschienen, und weitere sind in Vorbereitung.

All diese Arbeiten können jedoch nur den Ausgangspunkt für Forschungen bilden, die sich mit dem Sinn und Inhalt der Bilder befassen. Nun könnte man es sich leicht machen und einfach davon ausgehen, daß die Bilder lediglich das bedeuten, was man sieht; daneben mag man ihnen noch eine ästhetische Funktion zubilligen. Ähnlich wie bei uns das Bild über dem Sofa, könnten die Felsmalereien der Ausschmückung prähistorischer Wohnstellen gedient haben, schlicht zur Verschönerung mit beliebten Motiven. Nun – dies ist eine Nutzung von Kunst, wie man sie aus Europa kennt, die sonst aber unter den Völkern der Welt kaum zu finden ist. Vielmehr

7. Gelegentlich bietet die Felskunst des Brandbergs Motive, die man als Darstellungen von Schamanen interpretieren könnte. Hier wenden sich zwei Männer einer Giraffe zu, eine Szene, die andernorts ähnlich zu sehen ist, wobei dort zusätzlich Regen über der Giraffe niedergeht. Bemächtigen sich hier zwei Schamanen des Regentieres?

ist die Kunst stets voll tiefer Bedeutung, wie bei uns während des Mittelalters. Kein Bild wird lediglich zur eigenen Erbauung oder für den optischen Genuß angefertigt, sondern es werden Gefühle, Vorstellungen und Wünsche – häufig religiöser Natur – in ihm verarbeitet.

Doch diese scheinbar unüberschaubare Vielschichtigkeit bietet dem Erforscher der Felskunst auch Vorteile: Die Bilder sind nicht allein Ausdruck ganz persönlicher und privater Gedanken, sondern gerade da, wo es um Religion geht, auch Resultat von Vorstellungen, die viele Menschen teilen und einander mitteilen. Das wiederum setzt Verständlichkeit und folglich eine gewisse Ordnung voraus, deren Regeln faßbar sind wie die Grammatik einer fremden Sprache. An diesem Punkt setzen einige Forscher an, die sich damit jedoch in einem wissenschaftlichen Widerstreit mit anderen Gelehrten finden. Wo die einen nach Gesetzmäßigkeiten und handfesten Daten suchen, glauben die anderen, nur mit Interpretationen und dem überlieferten Wissen der Einheimischen weiterzukommen.

Welches sind nun diese beiden Gegenpositionen?

8. Symbolische Darstellungen mit geometrischen Elementen finden sich vor allem in Felsgravierungen, und zwar besonders häufig in Südnamibia. Hier vermischen sich die geometrischen Motive mit gegenständlichen Bildern, wie an der stilisierten Kirche oben links im Bild zu erkennen ist. Das zeigt, daß diese Gravierungen jung sein müssen, obwohl auch einige ältere Darstellungen schwach zu erkennen sind.

»Erbsenzähler« und Schamanen

Die Erforscher prähistorischer Kunst müssen mit der Tatsache leben, daß sie niemanden befragen können, wie es denn nun wirklich war zu jener Zeit, als gemalt wurde. Selbst wenn jemand die »Wahrheit« herausfinden sollte, so könnte er dies gar nicht bemerken, denn es weiß ja kein Mensch, was diese »Wahrheit« eigentlich ist. Folglich, so argumentieren manche Prähistoriker, wird man stets nur das erkennen, was man sucht oder was man schon weiß; wirklich Neues sei so nicht herauszufinden. Daher müsse sich die Forschung auf Quellen stützen, die in engerem Zusammenhang mit den Bildern stehen, beispielsweise Überlieferungen von traditionell lebenden Völkern, wie man sie im südlichen Afrika unter den San antrifft. Deren Denken und Wissen, so lautet die Prämisse, sei der geistigen Welt der urzeitlichen Maler näher als die unsrige, denn sie kennen die Lebensform des Jägers und Sammlers noch aus eigener Erfahrung.

Symbole und Metaphern

»Symbole« sind Zeichen, die keinen erkennbaren Zusammenhang zwischen ihrer äußeren Form und ihrer Bedeutung aufweisen. Es geht lediglich auf eine allgemeine Übereinkunft zurück, wenn die Nutzer einem Zeichen eine bestimmte Bedeutung zuordnen. Buchstaben beispielsweise sind Symbole. Das Symbol »H« der lateinisch geschriebenen Sprachen repräsentiert einen anderen Laut als das »H« im Griechischen (wo es dem lateinischen »i« entspricht); und in der kyrillischen Schrift vertritt das Symbol »H« den Laut »n«. Andere Symbole können, je nach Benutzungszusammenhang, sehr vielschichtig oder sehr eingegrenzt sein: Ein Kreuz ist in religiösem Kontext solch ein vielschichtiges Symbol, während es im Bereich der Mathematik ausschließlich eine präzise vorgeschriebene Rechenoperation bezeichnet.

Anders verhält es sich bei den Metaphern, bei denen ein Sinnzusammenhang stets zu erkennen ist, auch wenn darin ein Sachverhalt gänzlich durch Begriffe aus einem anderen Bereich ausgedrückt wird. Sagt man etwa: »Diese Bilder sprechen uns an«, so ist jedem klar, daß Bilder nicht sprechen können, und doch versteht jeder, daß sie Aufmerksamkeit erregen und eine Resonanz herausfordern. Die Alltagssprache ist voll von solchen allgemein verständlichen Metaphern, aber selbst wenn sie neu geschaffen werden, erschließen sie sich meist auf Anhieb dem Verständnis, da sie nach dem Prinzip der »Ähnlichkeitsbeziehung« funktionieren: Würden wir beispielsweise einen unliebsamen Fachkollegen als »Flachwasserkapitän« bezeichnen, ließe das sofort erkennen, daß wir seine Arbeiten als nicht besonders tiefschürfend erachten.

David Lewis-Williams von der Witwatersrand-Universität in Johannesburg/Südafrika vertritt diesen Standpunkt mit größter Kompetenz und auch mit größter Schärfe. Er befaßte sich mit den ethnologischen Studien über die San und vor allem mit ihren mündlichen Überlieferungen, die im 19. Jahrhundert umfassend aufgezeichnet wurden. Er gelangte dabei zu dem Ergebnis, daß unter den San der Schamane (wir könnten auch sagen »Medizinmann«) eine wichtige Rolle spielte, da er im Zustand der Trance heilende Kräfte entwickelte. Verschiedene Elemente der Trance-Erfahrungen finden sich als Sprachbilder oder Metaphern verschlüsselt in vielerlei Geschichten der San wieder. Ähnliche oder auch die gleichen Kodierungen spürte er sodann in den Felsbildern der Drakensberge in Südafrika auf. Hierin sah er den Beleg, daß diese Bilder im Zusammenhang mit Trance-Heilungen entstanden sein müßten.

Nachdem David Lewis-Williams die eminente Bedeutung des Schamanismus in der Gesellschaft der San festgestellt hatte, wandte er sich zusätzlich neuro-psychologischen Studien zu, um seine Interpretationen der Felskunst weiter zu untermauern. Im Zentrum dieser Untersuchungen stand die Frage, was der Mensch in veränderten Bewußtseinszuständen erlebt. Ein leichter Schwips ist beispielsweise ein allgemein beliebter Beginn einer solchen neuro-psychologischen Veränderung, aber auch durch Migräne erzeugte Sehstörungen gehören dazu. Die Trance ist nun eine der höchsten Stufen veränderten Bewußtseins, in welcher unser Sehapparat immer wieder bestimmte Muster wie Flecken oder Gitterstrukturen produziert, die in verschiedener Form auch in der Felskunst vorkommen. Diese in der Kunst immer wieder anzutreffenden Motive werden nun als Wiedergaben der optischen Erfahrungen verstanden, welche die Schamanen im Trancezustand machten. In seinen Arbeiten hebt David Lewis-Williams hervor, daß der Tod bei den San offenbar als zentrale Metapher für die Trance steht – wohl auch deshalb, weil der Übergang in den höchsten Trancezustand wie das Sterben empfunden wird und mit großer Angst verbunden ist. Der Tod wurde metaphorisch beispielsweise durch Bilder von Elenantilopen ausgedrückt, die sich – offenkundig nach einem Treffer durch einen Giftpfeil – im Todeskampf befanden.

Es ist ein bleibendes Verdienst von David Lewis-Williams, den besonderen Stellenwert von Metaphern und Symbolen in der Felskunst herausgestellt zu haben.

Waren zu Beginn der Forschungen die Erkenntnisse über den Schamanismus in Verbindung mit der Felskunst noch auf die Drakensberge in Südafrika beschränkt, so wurden nach und nach weitere Regionen und Epochen in diese Deutungen einbezogen. Die Wirkung, die dieser Ansatz ausübt, ist so stark, daß einige Forscher heute in den Felsbildern weltweit und zu allen Zeiten Bestandteile sehen, die in einem Zusammenhang mit dem Schamanismus stehen. Hierbei ist jedoch auch für den Laien erkennbar, daß die Annahme einer Kontinuität von Bildelementen reine Spekulation ist, wenn sie Jahrzehntausende sowie Kontinente mit spezifischen Kulturerscheinungen überbrücken soll. So käme vermutlich niemand auf die Idee, zu behaupten, die Maler der Höhlenkunst von Lascaux seien Franzosen gewesen. Denn die zeitliche Kluft von vielen Jahrtausenden erlaubt keine Gleichsetzung der Menschen von damals und heute.

Und so stellen sich viele Forscher die Frage, ob die Einsichten, die unter den engen, günstigen Rahmenbedingungen in Südafrika gewonnen werden konnten (schließlich wurde dort noch bis in das 19. Jahrhundert hinein gemalt), sich ohne weiteres auf andere Kulturen und Epochen übertragen lassen. Gibt es nicht doch Bestandteile der urgeschichtlichen Kunst, die ein Verständnis aus sich heraus ermöglichen, ohne daß auf ethnologische Quellen zurückgegriffen werden müßte?

Die Forschung beantwortet diese Frage mit Ja. Denn es wird, zumindest oberflächlich, sehr schnell deutlich, daß die Felskunst des Brandberges die Kunst von Jägern und Sammlern ist: Niemals tauchen Motive oder Accessoires aus anderen Wirtschaftsformen auf, wie zum Beispiel der Tierhaltung. Zu solchen Ergebnissen gelangt der Betrachter auch ohne die »Interpretationshilfe« von Eingeweihten. Daneben stehen natürlich auch abgebildete Details, die sich mit den gängigen Methoden der Archäologie bearbeiten lassen. So können etwa, beispielhaft und vereinfacht ausgedrückt, die dargestellten Gerätschaften in Typenklassen untergliedert und statistisch ausgewertet werden, und der Archäologe kann Darstellungsformen in Stile einteilen und stilkundlich untersuchen.

Die Analysen müssen sich darin aber nicht erschöpfen, denn gerade die Malereien des südlichen Afrika – und hier besonders die des Brandberges – bieten einen großen Vorteil: Sie zeichnen sich dadurch aus, daß vornehmlich Menschen wiedergegeben sind und diese wiederum ausgesprochen feine Nuancen in ihren Handlungen erkennen lassen. Hier ist also ein methodisches Instrumentarium erforderlich, mit dem eben diese Nuancen

9. Manchmal scheint es einfach zu sein, sich die Geschichte hinter den Bildern vorzustellen, so wie hier in der Karoab-Schlucht: Zwei Freunde waren zur Jagd ausgezogen, doch beim Rückweg ereignete sich offenbar ein Zwischenfall; einer mußte seinen Bogen beiseite legen und sich von seinem Kumpanen heimtragen lassen. Größe der Figuren: 31 cm.

ihrer Tätigkeiten erfaßt und ausgewertet werden können. Zur Entwicklung neuer Analyseverfahren sind völkerkundliche Parallelen wichtig, doch auch Methoden aus anderen Fachgebieten, wie etwa der Sprachwissenschaft, können hilfreich sein. Zwar lassen sich deren Verfahren nicht unbesehen von der gesprochenen Sprache auf die »Bildsprache« übertragen, doch sie vermitteln zahlreiche Denkanstöße und geben vielerlei Vorstellungshilfen.

So hat der Fachbegriff »Text« Eingang in die Archäologie gefunden, und zwar auch als Metapher. Ein Text ist nach allgemeinem Verständnis ein vielschichtiges Gebilde, das eine Mitteilung enthält. Der Empfänger versteht sie, weil es einen Regelkanon gibt, nach dem der Text sinnvoll aufgebaut ist. Diese Ordnungsprinzipien haben sowohl der Mitteilende als auch der Empfänger verinnerlicht, ohne daß sie auch nur eine einzige Regel bewußt gelernt hätten. Sprache eignet man sich eben schon als Kleinkind an, allein durch ihren Gebrauch. Einen Text zu formen heißt also, in seinen Äußerungen unbewußt einem Regelwerk zu folgen.

10. Ein solcher »Ausbruch« von Phantasie, wie er in diesem Bild zutage tritt, mag aus veränderten Bewußtseinszuständen hervorgehen, zu denen auch die Trance gehört. Diese Fundstelle in der Naib-Schlucht, Kranichfelsen genannt, bietet Bilder von einer Fremdheit, wie man sie nur an wenigen anderen Orten findet und die man ohne Interpretationshilfe nicht verstehen kann.

Heute gehen viele Wissenschaftler davon aus, daß eine solche genormte Vermittlung von Inhalten nicht nur auf die Sprache, sondern auf sämtliche Äußerungen und Handlungen des Menschen zutrifft, letztlich also auch auf Zeremonien, Riten und sogar das Alltagsverhalten oder das Siedlungsmuster. Und genau hier knüpft die Archäologie an, wenn sie den Terminus »Text« aus der Sprachwissenschaft übernimmt. Wenn auch das Siedlungsverhalten sinnvoll und nach wiederkehrenden Mustern geordnet ist, dann besteht die Aufgabe der Archäologen darin, in diesen Mustern zu lesen und die ihnen zugrunde liegenden Regeln herauszufinden. Kennt man diese Prinzipien, so können künftig alle neuen »Texte« einfacher verstanden werden.

Ein solches Verfahren kommt auch bei der Bearbeitung der Felsbilder im Brandberg zur Anwendung: Wie in einer Sprachuntersuchung werden diejenigen Bestandteile isoliert, die zur Sinnhaftigkeit des »Textes« beitragen. So, wie beispielsweise in einem Satz das Subjekt die Handlung trägt, gibt es auch in jeder Darstellung ein »Subjekt«, nämlich die Figur. Gleiches gilt für die Handlung, die in der Sprache, und zwar in jeder Sprache, durch Verben (Prädikate) ausgedrückt wird. Auch in Bildern gibt es ein den Verben entsprechendes Element: die dargestellte Tätigkeit (zum Beispiel »gehen«). Wenn man diese Bestandteile auf standardisierte Weise erfaßt, können Bildinhalte zählbar gemacht und dadurch statistisch ausgewertet werden. Diese Vorgehensweise kann sich zunächst in einer Vielzahl analytischer Stakkatosätze erschöpfen, die folgendermaßen lauten können: »Mann/rennt/trägt/Stock« oder »Frau/geht/hebt/Arme«. Das Geheimnis indessen, das hinter diesen Mitteilungen verborgen ist, gerade wenn sie sich vielhundertfach wiederholen, wird uns weiter unten beschäftigen (Kapitel 3).

Dieser Forschungsansatz versucht demnach, gänzlich ohne zusätzliches Wissen auszukommen, das von Menschen stammt, die vermeintlich oder tatsächlich der Kultur der prähistorischen Maler näher stehen als wir. Wie bei einer völlig unbekannten Sprache müssen zunächst der Wortschatz und die Grammatik aufgeschrieben werden. Die »Worte« verstehen wir bei den Felsbildern sehr schnell, denn sie zeigen Dinge, die auch wir erkennen. Was aber mit diesen »Vokabeln« ausgedrückt wird, verstehen wir erst, wenn wir das Regelwerk, die Grammatik, kennen.

Die beiden hier vorgestellten Methoden stehen für zwei Schulen in der Felsbildforschung, die nicht immer das größte Verständnis füreinander aufbringen. So werden die Vertreter der einen Richtung nicht selten als Phantasten und »Wissenschafts-Schamanen«, die anderen als »Erbsenzähler« bezeichnet. Anstatt einander zu befehden, sollte man vielmehr die Stärken und Vorzüge der einzelnen Ansätze zusammenführen. Nur so werden wir Phänomene der Kunst, die unter lediglich einem Blickwinkel nie voll erfaßt werden, zur Gänze verstehen lernen. Die Forschung braucht also sowohl den akribischen und ordnungswütigen »Erbsenzähler« als auch den kreativen und inspirierten »Wissenschafts-Schamanen«.

Kulturlandschaft Brandberg

Am Rande der Namib endet die Wüste nicht abrupt, auch setzen keineswegs etwa unvermittelt die Niederschläge ein. Hier ist das Klima nur um Nuancen günstiger, und die Vegetation kann vorsichtig mit einigen zähen Pionierpflanzen Fuß fassen. Auf ein gutes Regenjahr mögen mehrere Jahre der Trockenheit folgen, so daß ganze Tierpopulationen verschwinden können. In eben einer solchen Zone liegt der Brandberg, der im Südwesten in der Namib-Wüste fußt, während er im Nordosten zumindest Savannengebiet mit lichtem Busch- und Baumbestand berührt. Nur 100 mm Niederschlag kann man im Brandberg pro Jahr erwarten, und so bezeichnen die Geographen dieses Gebiet noch als Wüste.

Rund 80 km westlich des Berges, jenseits der Namib-Wüste, liegt der Atlantische Ozean mit seinem kalten Benguela-Strom, der von Süden schon seit vielen Jahrtausenden heraufkommt. So hält er das Klima in der ganzen Region recht stabil – zumindest seit am Ende der Eiszeit vor 10 000 Jahren die Polkappen abschmolzen und die heutige Meeresspiegelhöhe erreicht wurde. Hier gab es keine Umweltveränderungen, die sich etwa mit der Austrocknung der Sahara im Norden des Kontinents vergleichen ließen. Pflanzen und Tiere, die gesamte Umwelt, sehen daher heute noch weitgehend unverändert so aus wie vor mehreren tausend Jahren.

11. Der Brandberg scheint Regenwolken magnetisch anzuziehen. Ein einzelner kräftiger Regenguß kann Wasservorräte für Monate in natürlichen Zisternen ansammeln. Daher gedeiht hier eine Vegetation, die reichhaltiger ist, als man bei 100 mm Jahresniederschlag erwarten dürfte.

Aber der Benguela-Strom stabilisiert nicht nur das Klima, er »macht« auch das Wetter – jedenfalls teilweise. Einerseits verhindert die kühle Luft über dem Strom, daß es in der Namib regnet. Denn auflandige Winde unterbinden die Thermik, so daß Regenwolken, die vom Indischen Ozean herüberziehen, sich nicht entleeren. Andererseits sorgt die Kühle auch für Nebel, der über dem Meer entsteht. Von regelmäßigen Nordwestwinden wird er auf das Land getrieben, wobei er durchaus 100 km landeinwärts vorankommen und den Brandberg einhüllen kann. Das ist eine beachtliche Feuchtigkeitsquelle, die nicht nur eine klamme Feuchtigkeit verursacht, sondern dazu führt, daß durch Taufall tatsächlich Wasser zusammenlaufen und sich in Felsvertiefungen sammeln kann.

12. An der östlichen Seite des Brandbergs kann sich einiges an Vegetation halten, darunter Büsche hochgiftiger Euphorbien und kleine Bäume. Während schon der Rauch beim Verbrennen der Euphorbien einen Menschen töten kann, macht es den Nashörnern nichts aus, sich diese Giftpflanze als würzigen Imbiß einzuverleiben.

13. Die landschaftliche Dominanz des Brandbergs wird besonders deutlich, wenn man ihn von der Namib-Wüste aus betrachtet. Die Jäger und Sammler der Urgeschichte müssen diesen Anblick auch gekannt haben, denn sie durchquerten die Namib-Wüste auf dem Weg vom Brandberg zur Atlantikküste und umgekehrt.

Und manchmal genügt auch schon Regenfall von etwa einem Millimeter, um nennenswerte Wasservorräte entstehen zu lassen, die selbst nach zwei Wochen noch nicht verdunstet sind. Übt der Berg vielleicht eine Art Magnetwirkung auf die Wolken aus, oder fängt er sie zumindest wegen seiner Höhe leicht ein? Darüber wissen wir noch wenig.

Der Brandberg bildet seit jeher den auffälligsten Geländepunkt im zentralen Namibia. Da er sich 2000 m über die umliegenden Namib-Ebenen erhebt (sein Gipfel ist 2573 m hoch), ist er bei gutem Wetter auch aus 100 km Entfernung zu sehen. Er entstand durch Intrusion, wie der geologische Fachbegriff lautet, das heißt durch

14a. Die Hänge des Brandbergs bestehen vor allem aus Blockschuttfeldern, die das Vorankommen sehr einschränken. Manche Felsen sind zu Fußballgröße zerfallen, doch es gibt auch Ansammlungen von Blöcken in der Größe von Einfamilienhäusern.
14b. Heute gilt nicht anders als vor Jahrtausenden: nur wer alles Lebensnotwendige mit sich tragen kann, wird den Brandberg bezwingen.

Magma, die vor 130 Millionen Jahren aus dem Erdinnern in die Gesteinsbedeckung des Gondwana-Urkontinentes eindrang. Während dieses Urgestein mit der Zeit abgetragen wurde, trotzte der Granit des Brandberges der Wasser- und Winderosion. Dennoch ist der Berg stark zerfurcht, und tiefe Schluchten bilden klar abgegrenzte Gliederungseinheiten. Doch auch Granit zerfällt irgendwann. Schalenförmig löst sich die Oberfläche, Wollsackverwitterung genannt, und hinterläßt die Granitblöcke in verrundeten Formen. So bilden sich immer wieder überhängende Wände und Blockverstürze, die sich als nützliche Schutzdächer ausformen können. Diese Verwitterung beruht zu einem guten Teil auf den Temperaturunterschieden, denen das Gestein zwischen Tag und Nacht ausgesetzt ist; sie geht aber sehr langsam voran, so daß zu Zeiten der prähistorischen Maler die Felsformationen wohl nicht grundsätzlich anders ausgesehen haben als heute.

Die Menschen der Urgeschichte schätzten neben den Schutzdächern auch die im zumeist homogenen Granit eingeschlossenen anderen Gesteinsarten, denn Gangquarz, Basalt oder Bergkristall wurden gerne zur Herstellung von Steinwerkzeugen genutzt. Ein anderes attraktives Gestein, Porphyr, das sich an zwei Stellen des Berges findet, ist so weich, daß man es mit Metall durchbohren kann. Hieraus fertigte man Pfeifenköpfe, nachdem

15. Die Kräfte des Zerfalls treffen die Pflanzen ebenso wie das Gestein.

16. Die Regenfälle im Brandberg sind nicht jedes Jahr so stark, daß das Wasser zu fließen beginnt. Dennoch zeigt der Granit überall Spuren des Wasserabflusses, zum einen durch eingetiefte Rinnen und zum anderen durch schwarze Streifen von Flechten, die auf den Abflußbahnen wachsen.

vor etwa 150 Jahren der Tabak im Land populär geworden war. Ein anderer Wesenszug dieses Granitgebirges ist die stellenweise regelrechte Versiegelung des Bodens durch geschlossene Gesteinsflächen. Hier kann über viele Hektar, ja sogar Quadratkilometer kein Tropfen Regenwasser im Boden versickern. Vielmehr sammeln sich die seltenen Niederschläge in Vertiefungen, Ritzen und natürlichen Zisternen, wo sie dann über viele Monate verfügbar bleiben können. Dies ist ein besonderer Vorzug des Brandberges: Während im Umland Regenfälle im Boden verschwinden, wird hier das Wasser gespeichert und gleichzeitig eine Vegetation genährt, die von ihrem Wasserbedarf her eigentlich in Zonen mit deutlich höheren Niederschlägen zu erwarten wäre.

Die Besonderheit des Brandberges tritt auch in seiner Pflanzenwelt zutage: nicht nur, daß es hier eine größere Vielfalt gibt als im Umland des Berges, auch die Bewuchsdichte ist größer als in den niederen Regionen. Hinzu kommt – und das unterstreicht die Insellage des Berges –, daß es hier einige endemische Pflanzen gibt, also

17. Wo mehrere Hektar der Oberfläche durch Granitplatten versiegelt sind, können sich schon bei einem einzigen ordentlichen Regenguß mehrere hundert Liter Wasser ansammeln.

18. Das Wasser in natürlichen Zisternen wie dieser am Fuß einer Felswand in der Hungorob-Schlucht ist fast immer klar und auch Monate nach dem letzten Regen ungefiltert genießbar.

19. bis 26. Diese und vorherige Seite: Typische Pflanzen aus dem Brandberg, darunter Köcherbaum (großes Foto Vorseite) und Aloen (z. B. hier mittleres Bild). Oben links eine ausgegrabene eßbare Ipomea-Knolle, rechts genießbare Früchte.

Gewächse, die sonst nirgendwo auf der Welt vorkommen. Die Pflanzenarten, die heute im Brandberg anzutreffen sind, waren dort schon zu Zeiten der Felsmaler vorhanden. Dies wissen wir durch Ausgrabungen, bei deren Auswertung sich zeigte, daß zu Zeiten der Maler die fetthaltigen Samen und Fruchthüllen bestimmter Baumarten eine beliebte Kost darstellten.

In den letzten Jahrhunderten, als man die Tradition des Malens bereits aufgegeben hatte, diente der Brandberg als Schafweide für Hirten, die im jahreszeitlichen Wechsel hierherkamen. Man kann sich vielleicht gerade noch vorstellen, daß Schafe den beschwerlichen und stellenweise sehr schwierigen Aufstieg auf den Berg schaffen – den nötigen energischen Antrieb vorausgesetzt –, doch die Funde von etlichen Rinderknochen geben Anlaß zu einer gewissen Verwunderung. Bei Ausgrabungen im Bereich des oberen Brandberges traten Rinderknochen zutage, die sowohl hinsichtlich ihrer Anzahl als auch der Körperteile, von denen sie stammen (Kopf, Schulter), nur einen Schluß zulassen: Diese Rinder gelangten aus eigener Kraft hierher und wurden nicht – wie man mutmaßen könnte – im geschlachteten Zustand auf den Brandberg gebracht. Man mag sich nur schwer ausmalen, welches Ausmaß an Blut, Schweiß und Prügel es bedurfte, um leibhaftige Rinder in dieses unwegsame Gebirge zu treiben.

Nicht umsonst fehlt in der Tierwelt des Berges jedes größere Wild, denn es käme nur sehr schwer voran. Der größte hier anzutreffende Pflanzenfresser ist der Klippspringer (*Oreotragus oreotragus*), eine etwa rehkitzgroße Antilope. Sie ist für das Leben im Felsgebirge durch die spezielle Formung ihrer Hufen angepaßt, die ihr ein staunenswert schnelles Vorwärtskommen im Granit ermöglichen. Das ist aber auch dringend nötig: Ihr größter Feind ist nämlich zugleich das größte Tier in diesen Bergen, der Leopard, der hier allerdings ein wenig ruhmreiches Dasein fristet, muß er sich doch vor allem von Kleingetier wie Eidechsen, Ratten, Hasen oder Klippschliefern ernähren. Diese letztgenannten Tiere der Gattung Procavia ähneln in der Art und Größe zwar den Murmeltieren, sind erstaunlicherweise jedoch mit dem Elefanten verwandt (auch wenn dies für den Laien nicht erkennbar ist – geht die Verwandtschaft doch in eine Zeit zurück, als es noch Dinosaurier gab). Klippschliefer leben in Kolonien in engen Felsspalten und stellten auch für die Jäger und Sammler der Steinzeit eine der wichtigsten Fleischressourcen dar. Daneben wurden auch Hasen und Felsratten verspeist, und dazu gelegentlich Klippspringer.

Das Fleischangebot des Brandberges war für die prähistorischen Menschen sicherlich keine besondere Attraktion. Doch wir wissen aus Beobachtungen bei Jägern und Sammlern aus unserer Zeit, daß ihre Mobilitätsmuster – also zu welcher Zeit sie wohin ziehen – allein vom Angebot der pflanzlichen Nahrung abhängen. Die Bewegungen des Wildes sind viel zu unberechenbar, während der Zustand der Pflanzenkost durch die Beobachtung der Niederschläge wesentlich verläßlicher eingeschätzt werden kann. Für die prähistorischen Menschen bedeutete der Aufenthalt im Brandberg, daß zumindest für einen Teil des Jahres die Versorgung mit Wasser und Pflanzennahrung in gewissem Maße voraussehbar war.

In Anbetracht dessen ist die Tatsache auffällig und erklärungsbedürftig, daß weder die im Brandberg anzutreffenden Pflanzen noch die dort vorkommenden Tiere in den Felsmalereien eine besondere Rolle spielen. Während Pflanzen immerhin noch selten gemalt wurden – und wenn, dann nur Bäume –, überging man die oben aufgezählten Tiere völlig. Wie in Kapitel 3 über die Felsbildmotive ausgeführt wird, zeigt sich hier nur das jag-

27. Die Hufe des Klippspringers sind spitz nach unten ausgebildet, was den Eindruck erweckt, als stehe er auf Zehenspitzen. Diese Hufe sind besonders für die schnelle Fortbewegung auf Granit von Vorteil.

28. Die frischen Spuren des Klippspringers im feuchten Sand führen zu einer angeknabberten Pflanze.

29. **Diese Tierchen sind ein wichtiger Bestandteil der Brandberg-Fauna: Kaulquappen halten die Wasserlöcher weitgehend frei von Algen und sorgen für klares Trinkwasser. Sie können auch lange Trockenphasen überdauern.**

30. **Nähere Bekanntschaft als diese muß man mit dem Leoparden glücklicherweise meist nicht machen, denn er scheut den Menschen sehr. Es gibt aber mehrere dieser Einzelgänger im Brandberg, deren Kraft leicht ausreichen würde, um einen Menschen zu schlagen.**

31. **Auch Schlangen sollte man im Brandberg nicht zu nahe kommen, denn es gibt eine Vielzahl tödlicher Giftschlangen.**

bare Großwild der Ebenen, das nicht so häufig gegessen wie gemalt wurde. Das ist jedoch nur verwunderlich, weil es unseren Erwartungen widerspricht; um eine »falsche Darstellung« handelt es sich nicht.

Ein Wesenszug der wildbeuterischen Lebensführung besteht darin, daß die Menschen keine großen Eingriffe in die Natur vornehmen. Das gilt auch für ihre Wohn- und Malereistellen: Nirgendwo finden wir bauliche Veränderungen; sie nahmen einen jeden Felsen so, wie er war. In Kapitel 6 über die Felsbildstellen kommen wir auf die oft schwierig zu beantwortende Frage zu sprechen, warum ein bestimmter unscheinbarer Fels ausgewählt wurde, um dort eine Malerei anzubringen. Es scheint, als könnte fast jede Gesteinsformation in diesem Gebirge eines Bildes würdig gewesen sein, nicht nur die imposanten oder besonders wohnlichen unter ihnen.

So bilden Natur und Kultur im Brandberg eine innig verwobene Einheit, in der sich das eine vom anderen nicht trennen läßt und auch jeder Bestandteil für sich alleine nicht vollständig ist. Die Felsmalereien des Brandberges sind glaubwürdige und verläßliche Wiedergaben der natürlichen Verhältnisse. Nur Pflanzen und Landschaftselemente spielen in den Bildern als Motive keine Rolle – aber warum auch? Die Bilder befinden sich ja inmitten der natürlichen Umgebung, die Landschaft selbst präsentiert die Bilder. Kein Museumsbau und kein Wärter regelt den Zugang zur Kunst, allein die Natur bestimmt, was man zu sehen bekommt. Manche Darstellung wächst zu, eine andere verblaßt, aber wieder eine andere wird von der niedrig stehenden Sonne so angestrahlt, daß sie zu leuchten beginnt. Dies ist es, was den Brandberg als Kulturlandschaft prägt: Die Bilder gehören zur Natur, und die Natur gehört zu den Bildern, eines kann ohne das andere nicht umfassend verstanden werden. Die Menschen, die diese Bilder anfertigten, sind verschwunden, neue sind gekommen und ebenfalls wieder gegangen. Die Bilder jedoch sind geblieben und werden immer bleiben – sie sind so unverwechselbar wie die Landschaft und, so möchte man wünschen, ebenso unvergänglich wie der Granit, der sie trägt.

32. Wenn man sich den Felsbildern zur Betrachtung zuwendet, muß man sich nicht gleichzeitig von der Natur abwenden. Das Erlebnis der Malereien ist zugleich ein Naturerlebnis, wie es einem besonders am Schlangenfelsen in der Hungorob-Schlucht zuteil wird.

33. Gelegentlich wird besonders deutlich, daß die Bilder ihre volle Wirkung erst durch die Art der Darbietung in ihrer natürlichen Umgebung entfalten. Hier in der Karoab-Schlucht legte der Maler einen außergewöhnlichen Sinn für die Dramaturgie der Präsentation an den Tag.

34. Gesamtansicht der Fundstelle in Abb. 33 in der Karoab-Schlucht.

Von Regenbeinen und Regenhaaren

36. »Der Regen, der herabströmt, das sind die Regenbeine, auf denen er voranschreitet.«

Ob vor 2000 Jahren oder heute – ohne Wasser erstirbt die Natur, und mit ihr der Mensch. Wasser ist zu allen Zeiten das Element, das die Lebensführung aller Lebewesen bestimmt. Daher versteht es sich, daß die Wasserversorgung und der Wassernachschub durch Regen die Menschen stets beschäftigten. Bildhaft ist das in einigen Felsmalereien zu sehen, und sehr poetisch drückt sich das in den Erzählungen der /Xam aus. Die /Xam* lebten bis ins 19. Jahrhundert als Jäger und Sammler in der Karoo, einer sehr trockenen Region im Norden Südafrikas. Sie beobachteten die Natur und den Regen sehr genau und setzten, was sie sahen, in wunderschöne Bilder und Metaphern um:

Der Wind weht die Regenhaare vor sich her, wenn sie noch weich sind. Dann werden sie hart und verwandeln sich in Wolken. Der Wind bläst weitere Haare vor sich her, und auch daraus bilden sich Wolken. Nun werden sie schwarz, denn sie sind voller Dunkelheit. Die Wolken legen die Regenbeine an, damit sie stehen und regnend vorwärtskommen können. Der Regen, der herabströmt, das sind die Regenbeine, auf denen er voranschreitet.

Der Regen ließ die Karoo erblühen und lockte das Wild ins Land der /Xam. Als Inbegriff einer intakten Natur gehörten auch die Spring-

35. Giraffen als Regentiere? Hier gehören Giraffen und Regen scheinbar zusammen. Ein Motiv aus der Tsisab-Schlucht nahe der »Weißen Dame«. Henri Breuil nannte diese Fundstelle Tiara Cave.

37. »Die Regenmutter ... regnet mild, und ihre Wolken sind zart, denn das sind ihre Haare, nicht ihr Körper – es sind die Regenhaare.«

böcke in ein solches Bild. Ein alter Regenmacher schilderte eine solche harmonische Situation, in der die Springböcke der Felsbilder als Illustration wie geschaffen erscheinen:
Der Regen legt eine große Decke über den Horizont. Sie ist schwarz und kommt im Dunkeln, wenn die Leute schlafen, und sie schüttet herab und durchnäßt den Boden. Die Regenbeine kommen zuerst heraus, sie machen zuerst alles feucht. Der Boden ist sonst noch trocken. Die große Decke liegt da, und sie ist hart. Sie kommt und regnet überall, bis das Wasser im Fluß fließt. Es läuft in die Wasserlöcher, füllt sie auf und bleibt darin stehen. Dann trinken die Springböcke aus den Wasserlöchern, während sie daran vorbeiziehen. Die Strauße gehen auch dorthin und waschen sich und fressen dabei. Sie ziehen mit den Springböcken umher, und darum werden sie auch zusammen gejagt, denn der Strauß geht als erster ins Wasser, um sich im Vorbeigehen zu waschen; er watet durch das fließende Wasser, in das er als erster gestiegen ist. Er geht dem Springbock voraus, wenn das fließende Wasser den Boden tränkt, der Springbock kommt, wenn es etwas abgetrocknet ist. Die Springböcke ziehen dahin und fressen das junge Grün, das gerade gesprossen ist.

Der Regen hat aber auch in einer trockenen Region nicht nur seine idyllischen Seiten. Über den großen freien Flächen der Karoo können beängstigende Gewitterstürme niedergehen, die die /Xam als Bullen und als männlichen Regen bezeichneten. Daher ermahnte ein Mann den Regenmacher:
Du darfst keinen Regenbullen reizen, sondern du mußt einen weiblichen Regen machen – einen, der nicht böse ist, der sachte regnet, weil es ein milder Schauer ist. Das ist einer, der sanft herabfällt und den Boden lockert, so daß die Erde feucht wird. Die Leute haben Angst vor einem männlichen Regen, den sie herandonnern hören, wenn er seine Beine angelegt hat. Die Leute glauben, daß ihre letzte Stunde geschlagen hat. Dann sind die Bergspitzen verhüllt, aber das ist nur ein Schatten und bedeutet keine Gefahr, weil so ein männlicher Regen über das Antlitz der Erde zieht. Er folgt dem Staub, denn zuerst kommt ein Wind, der die Hütte wegbläst. Dann zünden die Leute Feuer an, denn sie fürchten sich vor dem Zorn des Regenbullen, wenn er wütend ist.
Daraufhin konnte der Regenmacher den Mann beruhigen, indem er ihm schilderte, wie er einen weiblichen Regen machen wollte. Und wieder nannte er die Springböcke, um zu verdeutlichen, welches Ideal er anstrebte:
Ich werde eine weibliche Regenwolke mit Milch anschneiden. Ich werde sie melken, dann wird sie sanft auf den Boden herabregnen, so daß es tief drunten feucht wird. Dann können die Büsche sprießen und wunderbar grün werden, so daß die Springböcke herangaloppieren. Sie werden überall herumziehen, und alle Leute werden jagen. Denn jetzt ist alles noch trocken, weil der Himmel rundherum klar ist. Nun muß überall Regen fallen, und dafür werde ich eine weibliche Regenwolke melken; ich werde sie anschneiden, und durch das Anschneiden wird ihr Blut herausströmen und über den Boden fließen. Die Springböcke werden das Regenblut trinken, während sie ziehen, sie werden herumgaloppieren und sich fühlen, als könnten sie überall hinspringen, weil überall weiblicher Regen gefallen ist und alles feucht gemacht hat. (...) Ich werde wohl eine Regenmutter mit Milch anschneiden, sie macht es sanft feucht, ihr Wind weht lind. Sie regnet mild, und ihre Wolken sind zart, denn das sind ihre Haare, nicht ihr Körper – es sind die Regenhaare.

Alle Zitate wurden von Wilhelm Bleek und Lucy Lloyd um 1870 aufgenommen. Als Informanten dienten ihnen junge und alte /Xam, Männer und Frauen, die als Strafgefangene nach Kapstadt gebracht worden waren. Ihnen wurden Überfälle und Jagdvergehen vorgeworfen. Bleeks Tochter Dorothy veröffentlichte die Texte 1936 in Englisch; die deutsche Übersetzung stammt von Tilman Lenssen-Erz.

* Für die Schreibung der charakteristischen Schnalzlaute in den Khoisan-Sprachen des südlichen Afrika verwendet man Sonderzeichen, die, je nach Position des Schnalzes, vor dem oder im Wort stehen, z.B.: !Kung, /Xam, G/wi, Hei//om.

Leidenschaft und Notwendigkeit – Jagen und Sammeln als Lebensform

Namibia und Botswana waren mit ihren Savannenregionen bis in die jüngste Zeit die Heimat von Jägern und Sammlern, die als »Buschmänner« oder »Buschleute« bekannt wurden. Dieser Name ist aber nicht frei von abschätzigen Untertönen, und daher wird häufig das Wort »San« (sprich: *ßaan*) benutzt – so auch hier in diesem Buch. Daß dieser Begriff nicht gänzlich den Terminus »Buschleute« ersetzt hat, liegt daran, daß San so viel wie »Wilder« bedeuten kann, selbst wenn es aus der Sprachfamilie der Jäger- und Sammlersprachen Südafrikas entlehnt ist. Aber welchen Begriff die Forscher auch verwenden, sie können sich dabei auf San oder Buschleute berufen, die einen der beiden Begriffe vorziehen. Der Gebrauch einer dieser beiden Bezeichnungen dient jedoch stets dem Zweck, den Menschen, die damit benannt werden, gerecht zu werden und ihre kulturelle Eigenständigkeit zu wahren. So kann und soll mit der Zeit ein zunächst abschätziger Name letztlich doch eine positive Bedeutung erhalten.

Dem Leben der San wurde in den letzten fünfzig Jahren großes wissenschaftliches Interesse entgegengebracht. Dieser Tatsache ist es zu verdanken, daß wir heute über profunde Kenntnisse vom Leben einer Jäger- und Sammler-Gesellschaft in trockener Umwelt verfügen. Auch wenn diese Lebensweise inzwischen fast verschwunden ist, so finden wir doch noch etliche Anhaltspunkte, wie sie vor Jahrtausenden unter ähnlichen äußeren Bedingungen ausgesehen haben mag. Hier sollen aber nicht heutige Lebensformen deckungsgleich in eine ferne Vergangenheit projiziert, sondern Vorstellungshilfen und Modelle für das Leben von Wildbeutern gegeben werden.

Befaßt man sich mit den neuzeitlichen Wildbeutern, so lernt man vieles über Bedürfnisse und die Möglichkeiten, die dem Menschen von Natur aus gesetzt sind. Die Ausbeute beim Sammeln und Jagen kann nicht beliebig vergrößert werden, und auch der Bewegungsspielraum der Menschen ist begrenzt. Der Umfang und die Zusammensetzung der Gruppen, in denen die Jäger und Sammler zusammenleben, hängen von der Ergiebigkeit der Umwelt ab, also von der Ausbeute, die sich aus ihr gewinnen läßt. Die heutigen Jäger und Sammler können uns dabei Informationen liefern, mit denen wir das Leben in der Urgeschichte besser verstehen.

Gerade bei der Betrachtung der Felsbildstellen sind Verbandsstärken von größerer Wichtigkeit als bei den Freilandfundplätzen zum Beispiel in der Kalahari. Viele Felsbildstellen des Brandberges bieten nur einen sehr begrenzten Raum mit einer ebenso eingeschränkten Freifläche für einen dauerhaften Aufenthalt. Daher kann man nicht leichthin von einer Gruppengröße ausgehen, wie sie in der Völkerkunde häufig angegeben ist.

Bei den San hat man beobachtet, daß die Größe einer sogenannten »Horde« – der üblicherweise gemeinsam siedelnden Gruppe – bei 20 bis 40 Personen liegt. Große Horden umfassen gar 80 bis 150 Menschen, die aber nur unter besonders günstigen Umständen länger beisammenbleiben können. Innerhalb der Horden sind als kleinere Einheiten die Kernfamilien zu unterscheiden, die aus etwa sechs Personen bestehen, einem Paar mit

38. Größere Zusammenkünfte dienten nicht nur der Geselligkeit: Hier in der Karoab-Schlucht hat man sich unter einem Dach zusammengefunden, das zwischen zwei Bäumen aufgespannt ist und an dem die Taschen befestigt wurden. Vermutlich ist hier eine Zeremonie dargestellt, an der vor allem Frauen beteiligt sind.

seinen (höchstens drei) Kindern sowie dem einen oder anderen älteren Verwandten. Eine solche Kernfamilie teilt sich auch jeweils das Lager, das um eine Feuerstelle herum errichtet ist. Da aber für die Nahrungsbeschaffung durch Sammeln oder Jagen in der Regel mehr als eine qualifizierte Person gebraucht wird, gilt erst eine Gruppe mit zehn bis zwölf Personen als eigenständige und auf Dauer lebensfähige Gemeinschaft. Außerdem kann nur in einer größeren Gruppe der Ausfall einzelner Personen durch Krankheit, Unfall oder Tod ausgeglichen werden.

Der Brandberg als Lebensraum dürfte normalerweise von Gruppen mit mehr als zehn Personen, oftmals auch zwanzig Personen, aufgesucht worden sein. Es gibt jedoch zahlreiche Felsbildstellen, die als Wohnstätten dienten und nur für etwa sechs Personen Unterkunft boten. Dies spräche für eine Kernfamilie, aber ebenso für eine »Jagdgesellschaft« aus mehreren Männern, die sich für eine mehrtägige Jagd zusammengetan hatten. Das zeitweilige Aufspalten in kleine Gruppen ist auch von den San bekannt, und zwar wegen der schwankenden Verfügbarkeit von Wasser in den verschiedenen Jahreszeiten. Manche Gruppen, wie etwa die G/wi in Botswana, in deren Lebensraum es während der Trockenzeit kein offenes Oberflächenwasser gibt, verteilen sich dann in Kernfamilien über das ganze Land und decken ihren Wasserbedarf vollständig mit wilden Melonen und anderen Pflanzen. Zur Regenzeit kommen sie dann in großen Versammlungen nahe der wenigen zentralen Wasserstellen zusammen – anders als die !Kung in der nördlichen Kalahari, die sich während der Regenzeit an etlichen verstreuten Wasserstellen aufhalten, sich aber in der Trockenzeit um die wenigen permanenten Wasserstellen versammeln. Vermutlich ist das letztgenannte Nutzungsmuster auch vor Jahrtausenden im Brandberg in Gebrauch gewesen.

Doch nicht allein die Verfügbarkeit von Wasser bestimmt die Art der Mobilität und die Verweildauer an den einzelnen Plätzen. Ihr ist als zweitwichtigstes Kriterium das Angebot der sammelbaren Pflanzen nachgeordnet, und zwar deshalb, weil die Pflanzen bei allen Jäger- und Sammler-Gruppen des südlichen Afrika den bei weitem größten Anteil der Nahrung bilden. Kennt man die Jahreszyklen genau, so ist die Menge und Qualität der Pflanzennahrung recht exakt vorauszuberechnen. Die Möglichkeit, Wild zu erjagen, ist dagegen potentiell immer und überall gegeben – jedoch nur sehr unzuverlässig, so daß häufig an vielen aufeinanderfolgenden Tagen

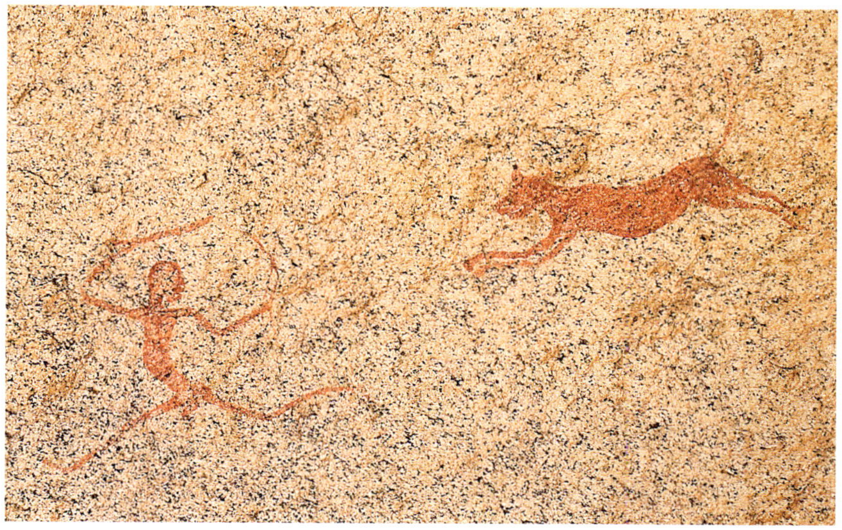

sich kein Jagdglück einstellen will. Das etwas romantisch gefärbte Bild vom Jäger, der mit seiner gesamten Horde dem Zug des Wildes folgt, mag für manche nordamerikanische Indianer zutreffen, nicht aber für die Jäger und Sammler des südlichen Afrika.

Ein weiteres Verhaltensmuster, das vom Zustand der Natur abhängt, ist die jahreszeitlich bedingte Häufigkeit des Lagerwechsels und damit die Verweildauer an den einzelnen Lagerplätzen. Es versteht sich, daß ein Lagerwechsel nicht unnötig oft vorgenommen wird und daß je nach voraussichtlicher Dauer des Aufenthaltes entsprechend aufwendige oder provisorische »Einrichtungsmaßnahmen« ergriffen werden. Die Verlegung des Wohnplatzes kann notwendig werden, wenn die ausgebeutete Wasserquelle versiegt oder die Pflanzennahrung in der Umgebung keine ausreichende Versorgung mehr gewährleistet. Da der Radius der Sammelzüge von Frauen um einen Lagerplatz herum bis zu 10 km (oder zwei Wegstunden) betragen kann, wird eine neues Lager etwa in einer Entfernung von 30 km vom letzten Aufenthalt aufgeschlagen. Unter ungünstigen Umständen, also in der Trockenzeit, kann bei den Kalahari-San ein Wechsel des Lagerplatzes schon nach wenigen Tagen notwendig werden. Insgesamt ist aber eine Verweildauer von zwei bis drei Wochen an einem Platz unter normalen jahreszeitlichen Bedingungen gut möglich, wobei längere Aufenthalte durchaus angestrebt werden.

Das Leben der wildbeuterischen San weist selbstverständlich noch zahllose weitere Aspekte auf, die diese Lebensform vervollständigen. Hier werden jedoch nur die praktischen Probleme des Alltags angesprochen, die sich so auch vor vielen Jahrtausenden gestellt haben mögen. Es muß indessen noch einmal betont werden, daß die Lebensweise der San kein Relikt aus der Steinzeit ist. Vielmehr sind sie Menschen, die lange Zeit Wert darauf legten, als Jäger und Sammler zu leben – eine Daseinsform, die ihrerseits das Resultat einer weitgehend selbst gestalteten Geschichte war.

39. Die Jagd war vermutlich immer die prestigeträchtigste Form der Nahrungsbeschaffung, auch wenn die so gewonnene Kalorienmenge bei der Ernährung keine herausragende Rolle spielte. Der Jagderfolg war einfach zu ungewiß. Motiv aus der Ga'aseb-Schlucht. Größe des Jägers: 34 cm.

40. Gelegentlich ist auch der Mensch nur ein Glied in der Nahrungskette, wie dieses Bild aus der Hungorob-Schlucht beweist.

41. Ein Element, das zu allen Zeiten das Leben der Jäger und Sammler charakterisierte, ist die mobile Lebensweise, wie aus diesem Bild aus der Quagga-Schlucht hervorgeht. Größe der Figur rechts: 19 cm.

Wenn Überlebenskünstler in Bedrängnis geraten

Nun verband sich mit dem Namen »Buschleute« lange die Auffassung, daß sich deren Leben, fast wie in einer Laborsituation, von der Steinzeit bis in unsere Tage nahezu unverändert fortgesetzt habe. Hier schien das Idealbild der menschlichen Urgesellschaft noch in seiner reinsten Form erhalten geblieben zu sein.

Diese Sicht ist aber, milde ausgedrückt, sehr romantisch. Denn die Steinzeit endete im südlichen Afrika vor mindestens 2000 Jahren, als erstmals Keramik und Haustiere in die Region gelangten. Die ansässigen Jäger und Sammler lebten zwar häufig weiter wie zuvor, doch wußten sie sehr wohl, was um sie herum geschah und an kulturellen und technologischen Neuerungen nun zur Verfügung stand. Man kann dies unter anderem an archäologischen Funden ablesen, die Austauschbeziehungen bis an die ostafrikanische Küste belegen. Es lag aber scheinbar häufig eine sehr bewußte Wahl vor, wenn man sich für oder gegen solche Neuerungen oder gar gesellschaftliche Veränderungen entschied. Auch heute geben die San nur ungern oder unter Zwang ihre alte Lebensweise auf, weil sie ihnen mehr Freiheit bietet als das Dasein der afrikanischen Viehhirten und Ackerbauern oder das Leben westlicher Prägung. Zudem wird ihnen gerade von diesen Seiten die Einordnung in die neue Zeit sehr erschwert, denn jeder versucht, die San an den Rand der Gesellschaft zu drängen.

Eines der größten Probleme ist die Landfrage: Das selbstverständliche Recht der San, ihre angestammten Gebiete auch zu bewohnen, wird ihnen spätestens seit Beginn der Kolonisierung abgesprochen. In Südafrika wurden sie praktisch ausgerottet oder gingen in den umgebenden Bevölkerungsgruppen auf, so daß man bis vor kurzem von ihrer Existenz nicht einmal etwas ahnte. Aus den zentralen Bereichen Namibias und Botswanas, wo Viehwirtschaft möglich ist, wurden sie sowohl von den europäischen als auch von den afrikanischen Viehhaltern verdrängt. Schließlich wird ihr Lebensraum immer mehr durch Tierreservate eingeengt.

42. Bewaffnete Auseinandersetzungen unter Jägern und Sammlern waren im südlichen Afrika sicher stets selten – und so ist dieses Motiv aus der Ga'aseb-Schlucht eines der wenigen Bilder, das einen solchen Konflikt darstellt. Auf lange Sicht war die Verdrängung durch expandierende Gruppen von Viehhaltern viel existenzbedrohender. Größe des Bogenschützen ganz rechts: 9 cm.

Es soll hier jedoch auch der Auffassung widersprochen werden, die, oft wohlmeinend, von den San das Bild »edler Wilder« zeichnet, als ob sie reine Jäger und Sammler wären und eine konforme Gruppe mit einheitlichem Aussehen und übereinstimmenden Lebensformen bildeten. All das trifft nicht zu. Der klischeebeladene »kleinwüchsige Jäger« ist in diesem Zusammenhang zwar immer wieder anzutreffen, aber dieses Bild ist nicht informativer oder richtiger als die Aussage, Deutsche seien große, blonde und blauäugige Industriearbeiter. Seit jeher – und das sind viele Jahrhunderte bis Jahrtausende – lebten die San oder ihre Vorfahren unter sehr verschiedenen Umweltbedingungen und entwickelten entsprechend angepaßte Lebensformen. Es versteht sich von selbst, daß zum Beispiel die Fluß-San den Kavango in Nordnamibia als ihre Lebensader zu nutzen wußten. Aber auch mit Feldbau oder Viehhaltung und Milchwirtschaft haben bestimmte Gruppen der San offenbar schon vor Jahrhunderten Bekanntschaft gemacht.

Aufgrund ihrer außergewöhnlichen Lebensweise kamen die jagenden und sammelnden San in den zweifelhaften Genuß, intensiv erforscht zu werden. Spötter unter den Völkerkundlern sprachen davon, daß jeder San einen Ethnologen an seiner Seite habe und daß in der Kalahari, wo die meisten San leben, geradezu wissenschaftliches Wildbeutertum von Völkerkundlern grassiere. Vor allem von der Harvard-Universität in den USA kamen ganze Scharen von Forschern, die alle Bereiche des Lebens der San ausleuchteten.

Die Sprachen, die bei den verschiedenen Gruppen der San in Gebrauch sind, stellen für die Wissenschaft ein besonders interessantes und ergiebiges Feld dar. Sie bilden eine eigene Sprachfamilie, die sich vor allem durch Schnalzlaute von allen anderen Sprachen der Welt unterscheidet. Hier kann man auf engstem Raum eine Vielfalt innerhalb einer Sprachfamilie beobachten, wie sie sich sonst nur über ganze Kontinente verteilt.

Viele Forscher äußern jedoch ihre Besorgnis über den Niedergang der San-Kulturen. Sie versuchen auf unterschiedliche Weise, ihnen den Übergang vom traditionellen, weitgehend ohne Konkurrenten beeinträchtigten Leben in die Jetztzeit zu erleichtern. Dabei müssen die traditionellen Lebensformen zwangsläufig verschwinden, selbst wenn sie über Jahrtausende hinweg ihre Überlebensfähigkeit und ihren schonenden Umgang mit der Umwelt unter Beweis gestellt haben. Feldbau und Viehhaltung gehören zu den heute empfohlenen Wirtschaftsweisen, die aber angesichts der Konkurrenz mit kapitalstarken weißen Farmern nur schwer Bestand haben und schon gar nicht das Paradies auf Erden versprechen.

Daher sind die Kommentare, in denen sich ältere San über ihre Lage äußern, voller Wehmut und Anklage: *In den alten Tagen lebten wir als Jäger mit den Tieren. Niemand pflügte damals. Wir lebten als Jäger – mit Pfeil und Bogen und Speer. Dann kam das Gesetz, daß wir nicht jagen dürften. Nun ist unser Leben unsicher geworden – wir kannten immer nur die Jagd als unsere Lebensweise* (Dumba, ein Ältester der Kxoe Bushman Community). Und Tsamkxao#oma, ein Mann aus NyaeNyae, bemerkte: *Diejenigen, die sagen, wir sollten unser Land mit anderen teilen, brauchen nicht zu denken, sie könnten hierherkommen und nach Geld suchen. Wir sagen: ›Nur weil das hier ein Land mit Löwen und anderen Tieren ist, soll das dann heißen, daß andere Leute hier Geld machen können?‹ Sie sagen uns, wir hätten keine Regierung, und das stimmt – aber wir fragen, welche Hilfe haben wir je von irgendeiner Regierung bekommen?*

So zeigen sich die typischen Widersprüche unserer Zeit: Auf der einen Seite hat die Moderne den Niedergang des wildbeuterischen Lebensstils vollendet; aber auf der anderen Seite versuchen wir heute erstmals, die jahrtausendealte Kunst der Jäger und Sammler ernsthaft zu verstehen und zu würdigen. Es ist zu hoffen, daß mit dem Verständnis der Felskunst auch die Anteilnahme an den Problemen der Menschen wächst – denn ihnen wurde der Lebensstil genommen, der in den Felsbildern des Brandberges so eindrucksvoll wiedergegeben ist.

Zitate in diesem Kapitel nach Megan Biesele und Paul Weinberg, ›Shaken roots‹; Übersetzung von Tilman Lenssen-Erz.

Der Mensch legt Hand an: Das glanzvolle Bild einer kargen Welt

Schüsse peitschten am 4. Januar 1918 durch die Tsisab-Schlucht. Die steilen Talwände des Brandberges warfen das Echo mehrfach hin und her, ehe es verhallte. Das war die Geburtsstunde einer Legende. An jenem Tag schoß Reinhard Maack mit seinem Revolver die Felskunst des Brandberges in das Bewußtsein der Weltöffentlichkeit. Soeben hatte er die »Weiße Dame« entdeckt, wie er seinen Neufund taufte, und mit seinen Schüssen rief er seine beiden Begleiter zurück, die ihm vorausgegangen waren. Die drei Männer arbeiteten als Landvermesser für die deutschen Kolonialtruppen, waren aber zu privaten Zwecken auf den Brandberg gestiegen, um Felsbilder zu suchen. Ohne besondere Ausbeute hatten sie sich auf den Rückweg begeben und waren bereits im flachen Bereich an der Fußzone des Berges angelangt. Hier wollte Maack noch einmal im Schatten eines Felsdaches verschnaufen – und fand sich zu seiner Überraschung unter einem großartig bemalten Felsen wieder.

Er fertigte Skizzen an und notierte alles, was ihm auffiel. Das war einiges, jedoch nicht genug, um jenes biologische Detail zu erkennen, das aus der »Dame« einen Herrn gemacht hätte. Präziser war immerhin seine Beobachtung, daß der Körper der Figur zum überwiegenden Teil weiß gemalt war, was die Bezeichnung »Weiße Dame« zumindest in gewissem Maße rechtfertigte.

Mit der Veröffentlichung seiner Aufzeichnungen durch Hugo Obermaier und Herbert Kühn im Jahre 1930 lernten Öffentlichkeit und Wissenschaft die ersten Bilder des Brandberges kennen, und von nun an führte die Legende der »Weißen Dame« ein Eigenleben. Nachhaltige Stärkung erfuhr sie durch Henri Breuil, der sich um 1950 in die namibische Felskunst vertieft und als ausgewiesener Fachmann für europäische Höhlenkunst seine eigenen Ansichten über die Bedeutung der Brandberg-Malereien geäußert hatte. In seinen Schriften griff er die Legende, die Maack in die Welt gesetzt hatte, auf und schmückte sie weiter aus. Obwohl auch Breuil vor Ort gewesen war, mochte er in der Figur nur zu gerne eine Dame erblicken, die er aufgrund der Körperfarbe für eine Weiße hielt. Es fiel ihm leichter, in ihr eine Fürstin von Seefahrern phönizischer oder minoischer Herkunft zu sehen als eine Figur tatsächlich afrikanischen Ursprungs. Denn er konnte sich nicht vorstellen, daß afrikanische Völker in der Lage gewesen sein sollten, Bilder zu schaffen, die er selber als »große Kunst« empfand. Dabei ließ er völlig außer acht, daß auch zu seiner Zeit schon genügend Wissen und Informationen verfügbar waren, die dieser These eindeutig widersprachen. Nirgendwo gab es auch nur den kleinsten Hinweis darauf, daß Seefahrer aus dem Mittelmeer bis ins südliche Afrika vorgedrungen wären. Die Annahme, solche Seefahrer hätten nach der Landung an Namibias Küste aufs Geratewohl die Namibwüste durchquert, sodann ein unscheinbares Felsdach aufgesucht und dort eine Widmung an ihre Fürstin hinterlassen, mutet im nachhinein geradezu absurd an.

43. Vorherige Doppelseite: Ein Ausschnitt aus dem Fries der »Weißen Dame«. Sie wird von einer Prozession reich geschmückter Menschen begleitet und darüber von einer Reihe von Oryx-Antilopen. Da der Abri, in dem sich dieser Fries befindet (Maack-Grotte), recht klein und niedrig ist, erhält man einen Überblick darüber nur, wenn man sich auf dem Boden niederkauert. War eine demütige Haltung bei der Betrachtung vielleicht erwünscht?

44. Diese zeichnerische Kopie der »Weißen Dame« macht Einzelheiten der Tracht und des Körperschmucks deutlich – und vor allem auch das Detail, an dem »sie« als Mann zu erkennen ist. Die Hauptfigur ist 40 cm hoch (Zeichnung: Klaus Günther).

45. Fries der »Weißen Dame«. Neben einer naturalistisch wiedergegebenen Antilope ist ein weißer »Pavian-Mensch« zu sehen, der einige aus der Brandberg-Kunst sehr geläufige Körperaccessoires trägt, wie etwa das Brust- und Schulterband oder die Bänder an Bein und Arm. Größe der Figur: 24 cm.

46. Fries der »Weißen Dame«. Etwa zwei Meter links von der vermeintlichen »Dame« ist diese unverkennbare Frauenfigur zu sehen, der ein Mann mit einer Tiermaske folgt. Größe: 36 cm.

Heute weiß man, daß dieses Bild einen Mann zeigt – allein genaues Hinsehen an der richtigen Stelle verschafft hier schon Klarheit (siehe Abb. 44). Zudem ist die weiße Farbe eindeutig eine Körperbemalung, die mit reichhaltigem weiteren Körperschmuck einhergeht. Kurzum – ein Bild, das zwar aufwendig gemalt wurde und vermutlich einen Medizinmann darstellt, insgesamt aber nicht so sehr aus dem Rahmen der Felskunst Namibias fällt, daß man sich eigens eine Erklärung oder gar eine Legende für seine Entstehung zurechtlegen müßte. Legenden jedoch sind langlebig, und so spukt bis heute die Version von Henri Breuil noch unvermindert in vielen Schriften umher.

Breuil war wie vernarrt in die vermeintliche Dame, und dadurch wurden die anderen Figuren dieses Frieses lediglich zu Beiwerk, zu Begleitern einer Fürstin. Sie stehen »ihr« jedoch an Größe, Reichhaltigkeit der Ausstattung und an Aufwand der Körperdetails kaum nach. So findet sich im linken Teil des Frieses eine tatsächliche Dame mit einer respektablen femininen Ausstaffierung und opulentem Körperschmuck (Abb. 46). Unmittelbar neben ihr wurde eine weitere auffällige Figur angebracht: ein Mann mit dem Kopf einer Oryxantilope. Da in dieser Darstellung außer dem Antilopenkopf keine weiteren Merkmale von Tieren zu erkennen sind, dürfte es sich um einen Mann mit einer Maske handeln und nicht um ein Mischwesen von Tier und Mensch. Auch diese Figur weist einen reichen Körperschmuck auf und ist nicht weniger beeindruckend als die »Weiße Dame« selbst – der im übrigen ein weiterer ansehnlich geschmückter Mann unmittelbar folgt.

Über diese Figuren hinaus birgt der Fries der »Weißen Dame« noch zahlreiche skurrile und einmalige Motive: darunter eine Figur, die wie ein Geist vorbeihuscht, oder eine Antilope mit menschlichen Hinterbeinen (Abb. 103). Man glaubt gerade dieses Motiv schon einmal gesehen zu haben, denn eines der Wesen, das auf den bemalten Platten in der Apollo-11-Grotte entdeckt wurde (Abb. 5, die jedoch 25 000 Jahre älter sind), sieht ganz ähnlich aus. Im Grunde findet sich hier Stoff für zahlreiche weitere Legenden.

Als Repräsentant für die Felskunst des Brandberges kann der Fries der »Weißen Dame« freilich nicht gelten. Mag die kleine Grotte, in der die Bilder sich befinden, noch ganz typisch sein, so ist es die Auswahl der Motive nicht. Auch gibt es keine weitere Stelle, an der so viele Figuren so aufwendig ausgeschmückt wurden – selbst wenn jede, für sich betrachtet, als Brandberg-Malerei nicht aus dem Rahmen fällt. Eine Annäherung an die gesamte Felskunst des Berges kann deshalb nicht allein über das Bildensemble der »Weißen Dame« gelingen, denn hier häuft sich zu viel Extravaganz.

47. Gravierungen aus Twyfelfontein nördlich des Brandbergs. Typisch sind statische Tierbilder und Menschen, von denen weitaus häufiger ihre Spuren als ihre Körper dargestellt sind.

Sammler von Eindrücken – Die Maler und ihre Umwelt

Das Einnehmende an der Felskunst ist ihre Schönheit. Daher ist die Erkenntnis schmerzlich, daß Felsbildforschung oft nur ein beschönigendes Wort für den ziemlich nüchternen Akt des Zerlegens ist. Wie ein Metzger, der die Messer wetzt, geht der Wissenschaftler mit der Statistik zu Werke. Doch hier ist eine Ehrenrettung angebracht, denn ein wenig Statistik versetzt uns in die Lage, über die einzelnen Bestandteile der Kunst einen raschen und allgemein verständlichen Überblick zu gewinnen. Bei den Malereien läßt allein die Häufigkeit eines Motivs schon erkennen, wie sehr es seine Schöpfer beschäftigte. Ob es sich dabei allerdings um etwas besonders Wichtiges oder etwas völlig Alltägliches handelte, kann nur die nähere Untersuchung erweisen.

Auch was man nicht sieht, kann vielsagend sein: Im Vergleich mit den anderen Felskunstregionen Namibias fällt auf, daß im Brandberg geometrische Motive sowie Fuß-, Tatzen- und Hufabdrücke fehlen. Diese Darstellungen sind in den weit verbreiteten Felsgravierungen Namibias sehr geläufig, in einigen Regionen des Südens herrschen die geometrischen Muster sogar absolut vor. Es versteht sich, daß derart unterschiedliche Ausdrucksformen auf handfeste Bedeutungsunterschiede zwischen Gravierungen und Malereien hinweisen. Ebenfalls findet man in Malereien (aber genauso in Gravierungen) kaum Darstellungen von Landschaftselementen, Pflanzen oder von Menschen geschaffenen großen Objekten wie Behausungen. Die Künstler interessierten sich also eindeutig für die lebendige Umwelt.

Wenn wir zu Beginn unserer Betrachtungen über die Felsmalereien zuerst einmal alle Motive zum Durchzählen aufmarschieren lassen, so muß doch ein wichtiger Aspekt vorangestellt werden, nämlich die Zeit: Neh-

48. Ein sogenannter taxonomischer Baum, der die Anteile der einzelnen Motive in den Malereien wiedergibt, die bisher analysiert wurden. Eine solche Struktur ist den Bildern nur »übergestülpt«, sie entspricht nicht unbedingt der Weltsicht der prähistorischen Maler (n = absolute Zahl der Motive).

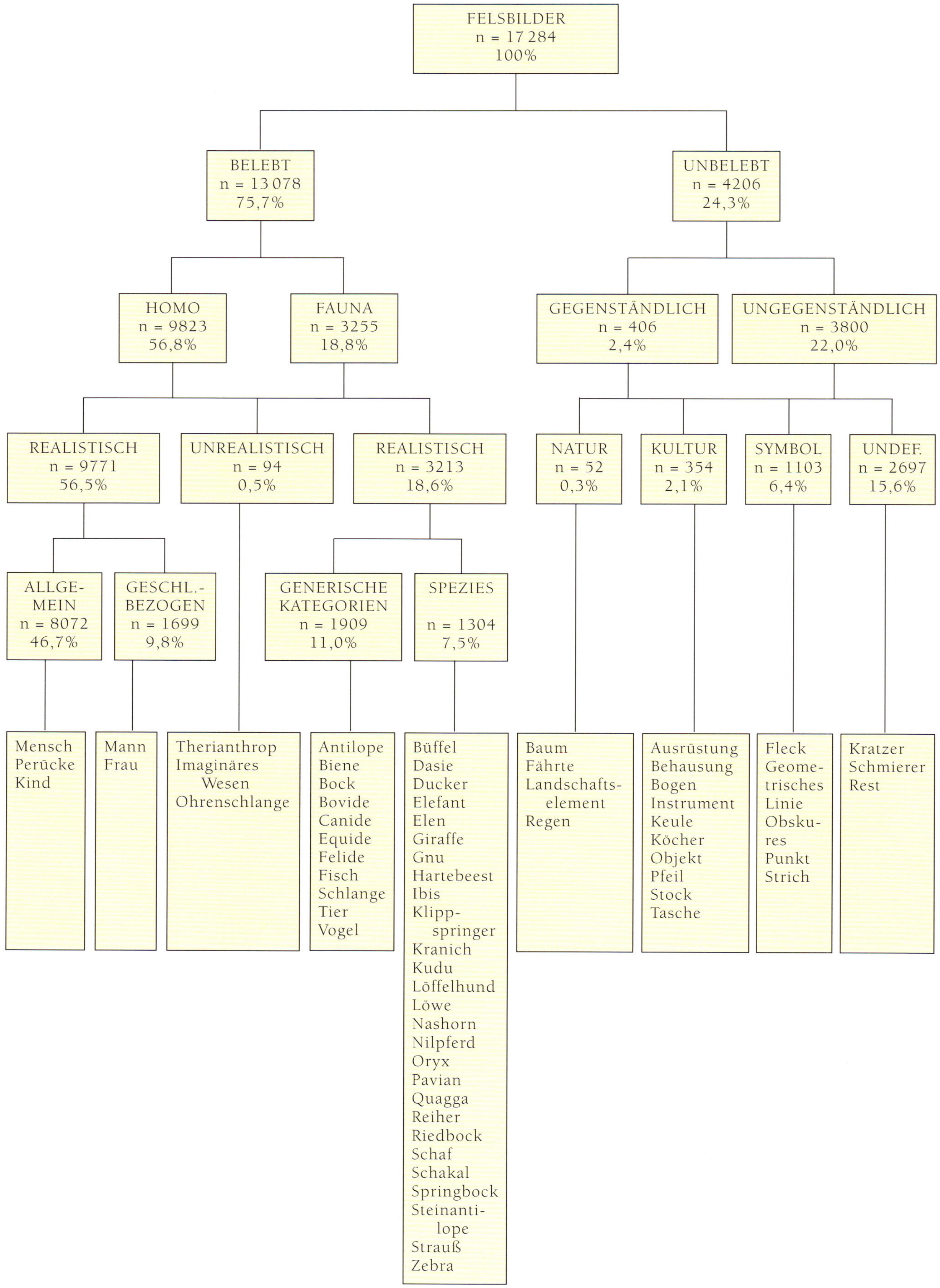

49. Das Hauptthema der Malereien ist unspektakulär und kann dennoch in sehr reizvoller Form dargeboten werden: Menschen gemeinsam in Bewegung. Auf diesem Bild aus der Karoab-Schlucht sieht man einige Männer (ca. 20 cm groß) und darüber, etwas kleiner, eine Reihe von Frauen.

men wir, vorsichtig geschätzt, einmal an, die Maler des Brandberges seien über zweitausend Jahre hinweg aktiv gewesen. Das entspricht 24 000 Monaten. Im Brandberg finden sich 50 000 einzelne Darstellungen, die durchschnittlich zu viert in Szenen gruppiert sind, so daß sich sämtliche Malakte im Brandberg grob vereinfacht auf 12 500 Ereignisse zurückführen ließen. Überschlägig auf die Zeitachse verteilt, ergibt dies, daß nur etwa alle zwei Monate ein Malereignis stattgefunden haben kann. Lediglich sechsmal im Jahr also eine religiöse Handlung? Bei einem Kirchgänger wäre das beispielsweise kein Zeichen inniger Frömmigkeit. Womöglich aber war das Malen ein bedeutsamerer Vorgang als ein allwöchentlicher Kirchgang bei uns, entsprach also eher einem hohen Feiertag. Eine andere Möglichkeit wäre, daß die Bilder nicht gleichmäßig über die gesamte Zeit verteilt entstanden, sondern eher schubweise, mit besonderer Intensität in weit auseinanderliegenden Phasen. Hier könnten natürliche Kreisläufe eine Rolle gespielt haben, zum Beispiel in größeren Abständen erfolgende auffällige Dürre- oder Regenjahre.

Ganz besonders selten müssen jedenfalls Anlässe gewesen sein, bei denen man Motive malte, für die es nur einige Dutzend Belege gibt – beispielsweise Ohrenschlangen. Zwischen solchen Malereignissen mögen Jahre gelegen haben. Es ist denkbar, daß sich dabei auch die Bedeutung veränderte oder sie ungenau überliefert wurde.

50. Die Elenantilope spielt in der Felskunst Südafrikas eine besondere Rolle, in Namibia findet man aber nur selten so prächtige Exemplare. Diese Darstellung aus der sogenannten Lufthöhle in der Amis-Schlucht weist stilistische Elemente auf, die für südafrikanische Malereien typisch sind, wie zum Beispiel die ausgeprägte Wamme und die weiße Umrißlinie. Schulterhöhe: 22 cm.

51. Unbeschwert springt das Junge seiner Mutter voran – der Springbock diente in der Felskunst dem Ausdruck harmonischer Verhältnisse. In einer metaphorischen Übertragung galt dies auch für die Verhältnisse der Menschen untereinander. Das Bild stammt aus der Riesenhöhle in der Amis-Schlucht. Schulterhöhe des Muttertieres: 12 cm.

Andererseits muß ein solches Motiv besonders tief in der Kultur der Menschen verwurzelt gewesen sein, wenn es trotz seltener Wiedergabe offenbar über Jahrtausende in Erinnerung blieb.

Bei den Malereien des Brandberges treffen wir am häufigsten auf Menschen; sie laufen uns im Wortsinne ständig über den Weg, denn normalerweise sind sie in Bewegung dargestellt. Etwa achtzig Prozent der gegenständlichen Motive (also Sachen oder Lebewesen) sind Menschen. Eine derart klare und augenscheinlich »menschenfreundliche« Motivauswahl findet man im südlichen Afrika so ausgeprägt nur in Namibia vor. In den Malereien anderer Regionen von Zimbabwe bis zum Kap liegt der Schwerpunkt häufig ebenfalls beim Menschen, ist meist aber weniger deutlich ausgeprägt. Zu den Menschendarstellungen später mehr.

Bei den verbleibenden 20 Prozent der gemalten Motive handelt es sich fast nur um Tiere – und damit wird erkennbar, daß, wie eingangs erwähnt, für andere Themen kaum noch Platz bleibt. Ganz ähnlich verhält es sich im übrigen auch in den anderen Felsbildregionen des südlichen Afrika. Die Gemeinsamkeiten zwischen den Felsbildern der verschiedenen Landstriche enden jedoch, wenn man das Bestiarium der Kunsttraditionen vergleicht, also die Tierarten, die sich in den Bildern wiederfinden. Hier setzt jede Region ihre eigenen Akzente.

In Namibia liebte man den Springbock (*Antidorcas marsupialis*). Von den auf Fels gemalten Tieren gehören die meisten dieser Gazellenart an. Sie ist alles andere als eine respekteinflößende Erscheinung, vielmehr ist sie, wie schon ihr Name sagt, ein kleiner, leichtfüßiger Hüpfer. Nicht Elefanten, schon gar nicht Löwen oder andere imposante Tiere wie vielleicht noch die Elenantilope (*Taurotragus oryx*, das in Südafrika zumeist gemalte Tier) bestimmen die Malereien. Die namibischen Maler wählten kein Tier für ihre Bilder aus, das sich in der Natur durch Kraft und Macht hervortut und so Überlegenheit versinnbildlicht. Folgerichtig fehlen auch Darstellungen, in denen dominantes Verhalten eine Rolle spielt: Es gibt keine Kämpfe zwischen den Männchen, kein aggressives

52. Die Ausgestaltung der Umwelt wird bei diesem Bild aus der Numas-Schlucht dazu genutzt, um ein idyllisches Bild der Tiere in der Natur zu zeichnen. So stand der Springbock nicht nur für die Harmonie zwischen den Menschen, sondern auch als Inbild einer intakten Natur.

53. Auch hier stand offenbar die Idylle im Vordergrund: ein Springbock trinkt aus einem Wasserloch, das gekonnt mit nur zwei Strichen dargestellt ist. Amis-Schlucht. Höhe der Figur: 12 cm.

54. Unter den Tierbildern sind die Giraffen mit der größten Varianzbreite an Aufwand gemalt worden: Eine solch kunstvolle Anstrengung wie in diesem Bild aus der »Riesenhöhle« in der Amis-Schlucht wurde nicht immer für nötig befunden, um das Fellmuster der Giraffe darzustellen. Höhe des rechten Tieres: 78 cm.

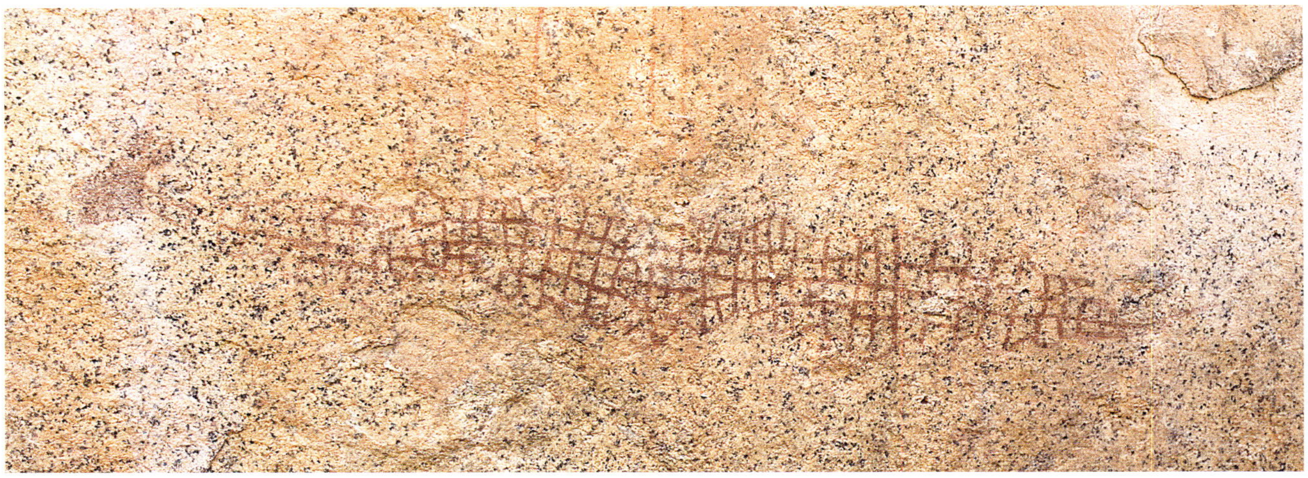

55. Diese Ohrenschlange aus der Ga'aseb-Schlucht zeigt deutlich ihre Verwandtschaft zur Giraffe durch das Gittermuster auf ihrem Körper. Stark verblaßt sind hier bereits vertikale Linien über der Ohrenschlange, die sich als Regen deuten lassen. Länge der Schlange: 84 cm.

Verhalten, und man sieht höchstens eine Handvoll von Bildern mit Raubtieren beim Riß. Friedfertigkeit, einander in Ruhe lassen, jeder möge nach seinen eigenen Regeln leben – das scheint eine Botschaft der Bilder zu sein.

Gerade dafür wurde der Springbock mit besonderer Vorliebe eingesetzt. Ob es nun die großen Herden mit vielen ruhenden Tieren sind, Ricken mit ihren Jungen oder Männchen beim Werbungsverhalten – stets scheint Harmonie in und mit der Natur zu herrschen. Ebenso werden die sozialen Beziehungen immer friedfertig und konfliktfrei dargestellt: Aus dem breiten Spektrum des in der Natur tatsächlich beobachtbaren Verhaltens kamen nur die positiven, angenehmen Seiten zu Wiedergabe und Geltung. Kein Bild zeigt andere Angehörige der gleichen Art als Nahrungskonkurrenten – was sie in der Natur durchaus sind –, sondern durchgängig herrscht Eintracht. In keiner Darstellung kann man die Beschwernisse des Überlebenskampfes in einer trockenen Umwelt ablesen, der ja Mensch und Tier hier ausgesetzt waren.

Das nach dem Springbock in den Malereien am zweithäufigsten vorkommende Tier besticht zwar durch seine Größe, ist aber ebenfalls alles andere als eine gefährliche Bestie: Die Giraffe stellt fast zehn Prozent der Motive aus dem Tierreich, und insbesondere ihr langer Hals schien für die Maler weit mehr als eine Kuriosität gewesen zu sein. So finden sich verschiedene Übergangsformen zwischen der Giraffe und der Ohrenschlange, dem einzigen öfter wiederkehrenden mythischen Wesen in den Malereien. Dieser Verbindung wird später noch einmal nachgespürt. Aber ein weiteres Merkmal fällt bei den Darstellungen von Giraffen auf: Immer wieder stößt man auf Abbildungen, bei denen die Tiere mit tief gesenktem Kopf gezeigt werden. Allerdings fehlt ihnen die

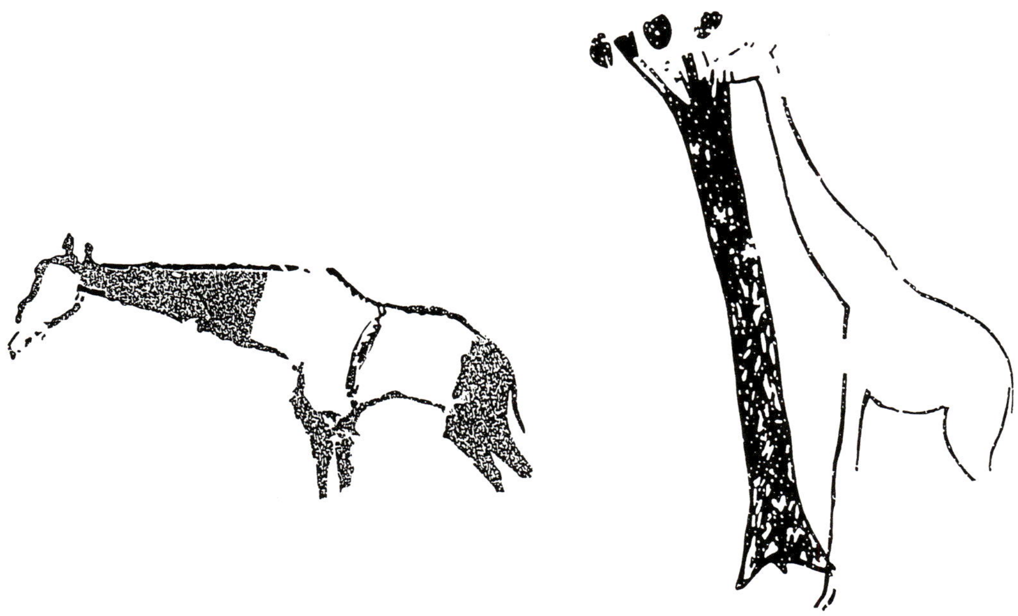

56. Wurde das Geschlecht der Giraffen durch ihr typisches Freßverhalten dargestellt? Giraffenbullen fressen hoch oben an den Bäumen, die Kühe dagegen knabbern mit heruntergebeugtem Kopf an Büschen und niedrigen Bäumen.

57. Elefanten wurden nur selten deutlich größer als die anderen Tiere gemalt, dafür aber häufig mit einer Reihe stilistischer Vereinfachungen. In der Regel entfielen dabei, anders als hier in der Riesenhöhle in der Amis-Schlucht, die Stoßzähne – was eine Parallele darin findet, daß bei Antilopen sehr oft die Hörner weggelassen wurden. Schulterhöhe des linken Elefanten: 15 cm.

58. Die geringe Anzahl der Nashörner in den Malereien ließ nicht viel Gelegenheit zum Üben. Dennoch ist hier in der Amis-Schlucht mit einer genial einfachen Linie gekonnt und unverwechselbar ein Breitmaulnashorn dargestellt.

59. Raubkatzen machen nur selten den Eindruck, daß sie eine besondere Gefahr darstellen könnten. Diese Figur aus der oberen Tsisab-Schlucht ist etwa 12 cm hoch.

60. Zebras waren für die Maler nicht nur irgendwelche gestreiften Tiere, sondern man verwendete zumeist viel Mühe, die genaue Artzugehörigkeit deutlich zu machen: hier *Equus zebra hartmannae* (auch *Hippotigris zebra zebra*), das Bergzebra. Eine Figur aus der Lufthöhle in der Amis-Schlucht, wo sich noch weitere Zebradarstellungen derselben Art befinden. Schulterhöhe: 14 cm.

charakteristische Haltung der gespreizten Vorderbeine, die eine Giraffe einnehmen muß, wenn sie trinken will. Es ist indessen für Giraffen typisch, daß die Kühe mit gesenktem Kopf von Büschen fressen, während die Bullen »erhobenen Hauptes« die Blätter von den oberen Zweigen der Bäume abrupfen. Aufgrund dieser Haltungen kann man in der Natur schon von weitem die Männchen und Weibchen einer Giraffenherde auseinanderhalten. Genau diese geschlechtsspezifischen Körperpositionen finden sich vielfach in den Bildern wieder, wobei Tiere mit gesenktem Kopf eindeutig überwiegen. Möglicherweise war dies eine subtile Art, das Geschlecht der Tiere in den Malereien anzugeben. Interessant ist in diesem Fall, daß man dafür unter den denkbaren Darstellungsmöglichkeiten ausgerechnet das Freßverhalten auswählte.

Erstellt man von den Tieren in den Felsbildern eine Rangfolge ihrer Häufigkeit, so folgen auf die Giraffen die Oryxantilopen (*Oryx gazella*) und Zebras, dann die Elefanten, Raubkatzen, Kudus (*Tragelaphus strepsiceros*) und Elenantilopen sowie schließlich auch Nashörner. Letztere erreichen nur einen Anteil von einem Prozent an den Tierbildern, während es die Oryxantilopen noch auf sieben Prozent bringen. Ganz vereinzelte Exemplare findet man schließlich von Schakalen, Büffeln, Gnus, Kuhantilopen, Pavianen oder Löffelhunden.

Unter den etwas häufigeren Tieren dieser Aufzählung wahren selbst die Löwen und anderen Raubkatzen ein unauffälliges Profil, da sie in der Regel nicht räuberisch auftreten. Von wenigen Ausnahmen abgesehen, scheinen sie lammfromm zu sein. Ob sich unter den nicht genau identifizierbaren Raubkatzen auch Leoparden befinden, die es im Brandberg von Natur aus reichlich gibt, ist nie zu erkennen, da Fellzeichnungen weggelassen wurden.

Die Elefanten sind im Vergleich zu den anderen Tierdarstellungen recht mobil, da gut ein Drittel in Bewegung gezeigt wird. Hinzu kommt, daß sie vergleichsweise häufig mit erhobenem Rüssel und Schwanz oder abgestellten Ohren abgebildet werden, was im Kontext der Malereien schon einem regen Aktionismus gleichkommt. In welchem Zusammenhang dieses Verhalten steht, bleibt aber stets offen. Elefanten scheinen im übrigen zu den besonders alten Motiven zu gehören, da sie bei Überlagerungen häufig zuunterst liegen und somit als

61. Nur selten hat man das Glück, Strauße so gut erhalten zu finden wie bei dieser Darstellung in der Naib-Schlucht. Häufig waren sie, so wie hier, mehrfarbig gestaltet, doch nur die rote Farbe überdauerte, so daß lediglich der Schnabel, die Schwanzfeder und die Punkte an den Beinen zu sehen sind. Größe der Strauße: etwa 25 cm.

erste gemalt wurden. Ganz anders hingegen die Zebras, die besonders in den jüngeren Phasen der Malerei ein offenbar beliebtes Motiv waren.

Mit solchen ganz groben zeitlichen Zuordnungen müssen wir uns leider begnügen, da sich die genauere chronologische Abfolge der Motive selbst bei intensiven Studien nicht feststellen läßt. Zwar sind Überlagerungen untrügliche Indikatoren eines zeitlichen Nacheinanders in den Malereien, aber sie treten so sporadisch und ungeordnet auf, daß kaum ein festes Muster zu erkennen ist.

An den Darstellungen von Zebras ist außerdem bemerkenswert, daß man mitunter große Mühe darauf verwendete, das Fellmuster wiederzugeben. Dabei kam es den Malern darauf an, exakt die charakteristischen Streifen des Bergzebras (*Equus zebra hartmannae*) zu zeigen, so daß diese Tiere ganz eindeutig von den Steppenzebras (*Equus burchelli*) unterschieden werden können. Dies ist ein Zeugnis bewundernswerter Kunstfertigkeit, die selbst auf rauhem Felsuntergrund perfekte Bilder zu fertigen weiß. Die Darstellungsweise läßt darüber hinaus aber auch erkennen, daß die Maler die Tierarten offenbar auf dieselbe Weise wie wir unterschieden. Ein Zebra war nicht einfach »dieses gestreifte Tier«, sondern eine eigene, unverwechselbare Spezies.

Neben diesen zumeist großen Säugetieren gibt es in der Felsmalerei des Brandbergs noch einige Vögel, jedoch nie Raubvögel. Dabei ist gerade der Brandberg im Wortsinn eine Brutstätte für die imposantesten Adlerarten. Ihre eindrucksvolle Erscheinung macht sie in vielen Kulturen zu wichtigen Symbolträgern, nicht jedoch bei den urgeschichtlichen Malern Namibias, die Rallen und Trappen, Ibisse und Kraniche vorzogen. Allerdings wurden diese Arten längst nicht so oft dargestellt wie die Strauße, die einen Anteil von 3,5 Prozent an den Tierbildern erreichen und sich dadurch auszeichnen, daß die häufig roten Beine auf männliche Tiere verweisen. Dieses Detail hat einen vielleicht überraschenden Hintergrund: Das Merkmal, an dem man den Hahn erkennt, erscheint nur während der Brutpflege – und die obliegt bei Straußen zu einem guten Teil den Männchen.

Ein Tier in den Malereien, das besonders hervorgehoben werden muß, gibt es in Wirklichkeit gar nicht: die Ohrenschlange. Man kann also mit Sicherheit davon ausgehen, daß es eine mythische Erfindung ist. Wie be-

62. Die Ohrenschlange und die Rückenlinie einer Giraffe, von der Körper und Beine verblaßt sind, haben eine starke Ähnlichkeit. Auf diesem Bild aus der Karoab-Schlucht sind beide Motive geradezu ineinander verschlungen.

64. Rechte Seite: Der Traum eines Jägers: verschiedene Gazellen und Antilopen nah beieinander. Springböcke, Oryxantilopen (bereits verblaßt), eine Elenantilope und zuoberst ein sehr kunstvoller und naturalistischer Kudu-Bulle mit einer Schulterhöhe von etwa 16 cm. Schlangenfelsen in der Hungorob-Schlucht.

reits erwähnt, besteht zwischen den Ohrenschlangen und Giraffen eine Beziehung, und zwar dergestalt, daß die Schlangen das Fellmuster oder die Köpfe der Giraffen mit den typischen stumpfen Hörnern tragen. Des weiteren sind die Darstellungen von Giraffen oft auf ihren Kopf und die Rückenkontur, eine Schlangenlinie, reduziert, was auf den unkundigen Betrachter wie eine schräg die Wand emporkriechende Ohrenschlange wirken kann. Die mythologische Verwandtschaft dieser beiden Wesen wird also durch eine besondere Form der Darstellung betont. Es findet sich kein weiteres Motiv in den Felsbildern, das einerseits klar als mythisches Wesen zu erkennen ist und andererseits so beständig auftritt – auch wenn es letztlich kaum ein Prozent der Tierbilder ausmacht. In den Malereien entdeckt man gelegentlich auch Exemplare von Schlangen ohne Kopf, der ihnen aufgrund des natürlichen Verfalls abhanden gekommen ist. Daher kann nicht festgestellt werden, ob es je Bilder von Schlangen gab, wie sie tatsächlich in der Natur vorkommen.

Die Bedeutung der mythischen Ohrenschlangen ist offenbar in einem Zusammenhang mit Regen und Wasser zu suchen, und zwar aus mehreren Gründen: Zum einen gibt es Bilder, in denen es über der Schlange (oder auch ihrer »Verwandten«, der Giraffe) zu regnen scheint; zum anderen ist die Verbindung dieser Tiere mit Wasser eine nicht nur in Afrika, sondern in allen Teilen der Welt verbreitete Symbolik. Außerdem erzählt man sich unter den einheimischen Bevölkerungsgruppen Namibias Mythen von Schlangen, die Ohren haben und fliegen können; auch sie sind Tiere des Wassers. Und schließlich findet sich mitunter die Darstellung eines solchen Reptils, das einen Bogen bildet und an einen Regenbogen erinnert; auch hierzu kann man Entsprechungen in den Volksmythen Namibias aufspüren. Alle Verknüpfungen von Schlangen und Wasser sind jedoch nur Indizienschlüsse und Mutmaßungen. Denn während die überlieferten Erzählungen einige Jahrhunderte alt sein mögen, sind die Bilder vor Jahrtausenden entstanden.

63. Über dieser Giraffe in der Ga'aseb-Schlucht scheint gerade ein Regenschauer niederzugehen. Giraffen und Ohrenschlangen waren offenbar die »Regentiere« der Maler in Namibia.

Auf der Jagd nach dem wahren Bild

Die von den Malern getroffene Auswahl der Motive zeigt mit Vorliebe die ansehnlichen Tiere unter dem Jagdwild. Zwei Dinge fallen bei den Figuren auf: Keines dieser Tiere kommt in den Bergregionen tatsächlich vor (selbst wenn sogar Elefanten und Nashörner die Fußregion des Berges aufsuchen); darüber hinaus sind die dargestellten Tiere nicht repräsentativ für den Speisezettel von Jägern und Sammlern, seien sie nun prähistorisch oder gegenwärtig. Denn gerade die großen Vierbeiner brachte und bringt man nur selten zur Strecke. Sieht man aber einmal von dem Phantasiegebilde der Ohrenschlange ab, dann ist der Katalog von Tieren, den uns die Felsbilder eröffnen, ökologisch glaubwürdig. Genau so sehen diese Tiere – ungeachtet der Stilisierungen – wirklich aus, so verhalten sie sich wirklich. Und wenn man sehr weit gehen möchte, entspricht sogar ihre relative Häufigkeit den natürlichen Gegebenheiten: Der Springbock ist auch in der Natur das am häufigsten anzutreffende Tier, während Elefanten oder Raubkatzen wesentlich seltener vorkommen. Doch auch hier finden sich Ausnahmen, die die Regel bestätigen: Giraffen sind in den Felsbildern überproportional häufig dargestellt, was aber angesichts ihrer mutmaßlichen Verbindung zum Regen kaum wundernimmt. Kudus machen sich dagegen sehr rar in den Felsbildern. Ist dies eine Art »Berührungsangst« oder Tabu? Möglicherweise diente diese Meidung auch der Abgrenzung, denn der Kudu dominiert besonders die Tierwelt in der Felskunst Zimbabwes, der nächsten großen Felsbildregion nordöstlich vom Brandberg.

Wenn man über Tiere und Jagd spricht, sollte man über den »Jagdzauber« nicht schweigen. Dieser Begriff steht für einen Interpretationsansatz, mit dem man einst die Anfertigung von Tierbildern zu erklären versuchte. Ob es nun um das altsteinzeitliche Europa oder um die Felskunst anderer Kontinente ging – in der ersten Hälfte des 20. Jahrhunderts glaubte man genau zu wissen: Die Bilder hätten den Jägern dazu gedient, magische Macht über ihre Beute zu erlangen und dadurch ihren Jagderfolg zu sichern. Mit der Zeit erkannte man jedoch, daß diese so umfassende und einfache Erklärung nicht zutreffen konnte. Es trat eine Gegenbewegung ein, die dazu führte, daß heute die meisten Forscher jeglichen Bezug der Tiermotive zur Jagd bestreiten und statt dessen auf ihren gänzlich symbolischen Gehalt verweisen. Ein wichtiges Argument für diese Auffassung – und damit gegen die »Jagdmagie-Theorie« – ist der Befund von Tierknochen aus zahlreichen archäologischen Ausgrabungen inner-

Der Springbock – Liebling der Jäger

Ist es sein adrettes Aussehen? Sind es die imponierenden Prellsprünge? Oder ist es vielleicht das ungewöhnlich zarte Fleisch? Nun, es gäbe viele Gründe, den Springbock zu mögen, denn er ist ein Tier, das nur Sympathien weckt: sauber, elegant – und lecker. Ohne Frage bedeutete er auch den Malern der Urgeschichte sehr viel, denn sie verzierten das ganze Land mit seinen Bildern.
Besonders beeindruckt dürften die Menschen von den sogenannten Trekbokken gewesen sein, jenen gigantischen Zügen von Springböcken, die noch bis ins vergangene Jahrhundert stattfanden. Wenn ein Jäger auf einen solchen Zug stieß, bedeutete dies Fleisch im Überfluß. Wie die Lemminge zogen dann die Springböcke rätselhafterweise zu Millionen aus dem Landesinneren zum Meer, wo sie scheinbar ihren ungeheuren Durst stillen wollten. Das Salzwasser aber brachte sie um, so daß sich kilometerlange Leichensäume mit Abermillionen von Kadavern bildeten.
Dies geschah offenbar, wenn eine übermäßig große Population von Springböcken von einer Dürreperiode heimgesucht wurde. Dabei ist der Springbock ungewöhnlich gut für das Überleben in trockener Umgebung ausgestattet: So braucht er nicht zu trinken, sondern er kann selbst aus trockenen Gräsern und Kräutern seinen Flüssigkeitsbedarf decken. Außerdem wittert er Regenfälle über riesige Entfernungen und zieht in großen Herden bis zu 100 km weit, um frischgewachsenes Gras abzuäsen. Tierforscher wissen, daß sein gesamter Organismus darauf abgestellt ist, sensibler als jedes andere Huftier auf Zustände und Veränderungen in seiner Umwelt

65. Detail eines Springbock-Kopfes. Länge: etwa 5 cm. Schlangenfelsen, Hungorob-Schlucht.

66. und 67. Der Springbock, *Antidorcas marsupialis*, ist die einzige Gazellenart im südlichen Afrika und für das Überleben in trockenen Regionen besonders angepaßt.

70. Dieses selten idyllische, einmalige Bild zeigt eine Springbockmutter, die ihr Junges säugt. Schulterhöhe des Muttertieres: 11 cm.

68. und 69. Springböcke am Wasserloch und in der Karoab-Schlucht. Sie trinken nur, wenn sich die Möglichkeit bietet, denn sie kommen auch über lange Zeiträume ganz ohne Wasser aus.

zu reagieren. Dazu gehört nicht nur die Fähigkeit, weit entfernte Regenfälle zu wittern, sondern auch der Geburtenkreislauf: Brunft, Trächtigkeit und Geburten sind nach den jeweiligen Regenzeiten in einer Region ausgerichtet. Wenn einmal mehrere gute Regenjahre aufeinanderfolgen, so wird das Springbock-Weibchen mehrfach unmittelbar nacheinander trächtig, was in trockeneren Perioden nicht geschieht. Auch das Werbungs- und Territorialverhalten des Männchens hängt vom Zustand der Umwelt ab: Die grüne Natur stimuliert ihn, stachelt ihn zu Aktivitäten an; er markiert sein Territorium und treibt darin so viele Weibchen wie möglich zusammen. Und dann beginnt er damit, um sie zu werben. In all seinen Verhaltensweisen spiegelt sich also der Zustand der Natur wider.
Seinen populären Namen erhielt der Springbock übrigens durch seine markanten Prellsprünge, mit denen besonders jüngere Böcke und Weibchen aufwarten, wenn sie aufgeschreckt werden. Dabei springt das Tier, wie von einer Feder hochgeschnellt, bis zu zwei Meter in die Höhe, macht den Rücken rund und streckt die Beine steif nach unten. Oft folgen mehrere dieser Sprünge aufeinander; das sieht dann zwar beeindruckend aus, bringt das Tier aber nicht so recht voran, denn die meiste Kraft wird für Höhengewinn eingesetzt. Dennoch mögen diese Sprünge ein Signal an ein verfolgendes Raubtier sein, das in etwa besagt: »Ich bin stark, mich kriegst du nicht, du brauchst es erst gar nicht zu versuchen.« Was natürlich die Geparden und Leoparden keineswegs daran hindert, immer wieder einen frischen Springbock zu verzehren.
Für den Menschen ist der Springbock allerdings nicht leicht zu jagen, nicht einmal mit Feuerwaffen. Er sieht ganz ausgezeichnet und gehört daher zu jenen Antilopen und Gazellen, die am schwierigsten zu erlegen sind. Dennoch stellte er für die /Xam Südafrikas, die dort bis ins letzte Jahrhundert als Jäger und Sammler lebten, die Jagdbeute par excellence dar. In ihren Mythen und Legenden taucht immer wieder der Springbock auf, wenn von Jagdbeute im

71. und 72. Diese beiden Springböcke aus der Naib- und der Tsisab-Schlucht zeigen eigenartige Körperhaltungen.

besonderen oder allgemeinen die Rede ist – in mehr als der Hälfte aller Erzählungen ist der Springbock letztlich für den Kochtopf bestimmt.

Aber für die /Xam besaß er auch noch andere Bedeutungen, die dem Tier gut anstehen: Er wurde mit dem »weiblichen« Regen assoziiert, der sanft den Boden durchfeuchtet und den Menschen so willkommen ist – anders als das Unwetter, der »männliche« Regen. Wenn er tobt, leiden die Springböcke, denn sie haben ein besonders dünnes Fell und kühlen leicht aus. Auch für die Schönheit der Natur galt der Springbock den /Xam als Inbild. Bei der Schilderung eines idyllischen Platzes durfte der Springbock nicht fehlen: *Der Platz ist sehr schön, wenn ich ihn mir so betrachte. Schaue ich die Stämme der Bäume an, dann scheint mir die ganze Stelle so, als gehörte ein Springbock hierher, als läge da ein Springbock unter dem Baum, denn der Platz ist wirklich wunderschön.*

/Han#kasso, nach Bleek und Lloyd, ›Specimens of Bushman Folklore‹; Übersetzung von Tilman Lenssen-Erz.

73. Das Territorialverhalten der Springböcke erklärt diese Körperhaltungen: Auf diese Weise markieren die männlichen Böcke ihre Reviere nach der Regenzeit (aus: P. Apps, Wild Ways, 1992).

74. Ein liegender Bock, hier wohl ein Klippspringer, als Inbegriff eines Idylls.

halb und außerhalb Europas. Diese Knochenreste stammen nur in geringer Zahl von Tieren, die in den jeweiligen Felsbildern dargestellt sind. Die Jäger der Urgeschichte mußten, vermutlich zu ihrem eigenen Leidwesen, nur allzu oft mit dem kümmerlichen Braten zufrieden sein, den ein Nager, notfalls eine Ratte, abgab. Wenn also die gemalten Tiere nicht das tatsächliche Jagdwild repräsentierten, so das Argument, dann müßten sie sich auf Mythen und andere Überlieferungen beziehen.

Dies trifft jedoch, zumindest im südlichen Afrika, ebenfalls nicht zu. In den Erzählungen und Mythen der verschiedenen Völker der Region krabbeln und flattern unentwegt Insekten, Schildkröten, Hasen und anderes Kleingetier umher, die fast nie in den Felsbildern auftauchen. Sie nehmen in den Legenden aber zum Teil zentrale Rollen ein und verhalten sich dort zudem sehr menschlich, vermischen sich sogar mit den Menschen, so daß es zu Heiraten und, natürlich, auch zu Trennungen kommt. Nichts von alledem zeigt die Felskunst: Tiere sind einfach Tiere und bleiben stets unter sich.

Warum sieht man also keine Kleintiere in den Felsbildern? Vermutlich schlichtweg deshalb, weil diese Beute nichts hermacht. Wird ein Tier von der Größe eines Hasen erjagt, so hat das keine großen sozialen Auswirkungen. Das Fleisch mag sich nur die Familie des Jägers teilen (und sich dabei über die kümmerliche Portion beklagen), aber darüber hinaus wird niemand sonst davon profitieren. Vom waidmännischen Standpunkt aus gesehen, ist die Erlegung eines Hasen keine erwähnenswerte Ruhmestat, und das wird in der Urgeschichte nicht anders gewesen sein als heute. Wie wichtig ist dagegen die erfolgreiche Jagd auf einen großen Vierbeiner, beispielsweise eine kapitale Antilope! Eine solche Beute wird zerlegt und geteilt, so daß Verwandte und Freunde reichlich bedacht werden können. Es ist dem guten Ruf zuträglich, ein solches Tier zur Strecke zu bringen, und auf diese Weise werden die sozialen Beziehungen gepflegt und der Zusammenhalt innerhalb der Gruppe gestärkt. Große Tiere sind also, sofern genießbar, für die Jagd von höchstem Interesse. Und eben dies trifft auf die Fels-

75. Sehr deutlich sind hier die roten Schuppen an den Beinen beim männlichen Strauß wiedergegeben.

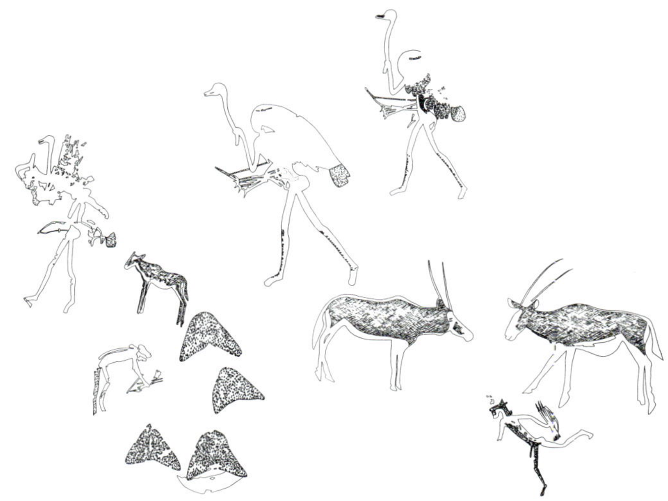

bilder zu: Über 90 Prozent der dargestellten Arten werden von den heutigen Jägern und Sammlern als ordentliche Beute erachtet. Zu diesem Erklärungsmuster paßt auch das auffällige Fehlen hundeartiger Wesen (Schakale, Hyänen und andere) in den Felsbildern, die als Beutetiere nicht sonderlich begehrt sind.

Welche Bedeutung hat nun das Jagdwild, das wir in den Felsmalereien vorfinden? Kann eine kulinarische Betrachtung vielleicht zum tieferen Verständnis beitragen oder uns wenigstens die Gaumenfreuden des Menüplans nahebringen? Über die Genießbarkeit einzelner Tierarten haben wir ausreichende Informationen, auch wenn es unter den Völkern des südlichen Afrika unterschiedliche Auffassungen gibt. So halten manche Jägergruppen das Fleisch des Zebras für nicht eßbar, andere dagegen mögen es sehr. Zebras sind in verschiedenen Fundplätzen Zentralnamibias archäologisch nachgewiesen und waren dort zur Steinzeit offenbar der begehrteste Steaklieferant – vielleicht aber auch nur deshalb, weil er am einfachsten zu bekommen war.

Zur Beliebtheit des Springbocks bei den Malern trug sicher nicht zuletzt sein zartes Fleisch bei, auch wenn er wegen seiner scharfen Sinne nicht einfach zu erlegen ist. Oryxantilopen sind ebenfalls eine beliebte Jagdbeute, heute wie in der Steinzeit, denn ihr Fleisch wird durchweg – und zu Recht – als schmackhaft bezeichnet. Die Jagd ist aber nicht ungefährlich, da ein Oryx mit seinen extrem langen und spitzen Hörnern sehr wehrhaft sein kann.

Giraffen wurden von den San-Jägern der jüngsten Vergangenheit durchaus gerne gejagt, denn sie liefern eine Fleischmenge, die geradezu in eine Art Volksfest münden kann. Für den Verzehr einer ganzen Giraffe können Verwandte aus einer Entfernung von bis zu einer Tagesreise eingeladen werden. Die erfolgreiche Jagd auf Giraffen ist aber – nach der Beobachtung einiger Forscher – unter den San ein seltener Glücksfall, der vielleicht ein- bis zweimal pro Jahr eintritt.

Eine außerordentliche Menge an Fleisch bietet natürlich auch ein Elefant, doch hier wird die Jagd zu einem lebensgefährlichen Unternehmen. Wohl genau aus diesem Grund fehlen aus der Urgeschichte Belege für erlegte Elefanten, und auch neuzeitliche Jäger und Sammler stellen ihnen nicht nach, obwohl wir einige alte Berichte über die Jagd mit Fallgruben kennen. Zudem existieren unterschiedliche Auffassungen, ob ihr Fleisch eßbar ist oder nicht. Ganz ähnlich verhält es sich mit den Nashörnern. Zwar hat man in zwei Ausgrabungen in Namibia Knochenreste dieser Tiere gefunden, aber sie haben unter dem Jagdwild nie eine wichtige Rolle gespielt.

Etwas unklar ist die Stellung des Straußes unter den jagbaren Tieren. Er hat ausgezeichnete Augen und verfügt wegen seiner Größe über einen guten Überblick, zudem ist er der schnellste Zweibeiner. Man kann ihm aber dennoch beikommen: Auf einigen Felsbildern sieht man sehr detaillierte Darstellungen von Jägern, die sich als Strauße getarnt haben und sich so offenbar an diese Vögel anschleichen. Da mag es wenig helfen, daß der Strauß die größten Augen aller Tiere besitzt, wenn es dem Gehirn nicht gelingt, das Gesehene richtig zu verarbeiten und die mäßige Kopie als solche zu erkennen. Es ist bemerkenswert, daß verschiedene Jägervölker des südlichen Afri-

76. Hier in der Raiders-Schlucht haben sich Jäger geschickt als Strauße getarnt – um sich unbemerkt anschleichen zu können, wie man vermuten darf. Allerdings wären die roten Punkte an den Schienbeinen, die das Kennzeichen von Straußenhähnen sind, hierfür nicht notwendig gewesen. Daher hat diese Maskerade sicher eine weitergehende Bedeutung als nur schlichte Tarnung. Volle Größe eines Jägers: etwa 25 cm.

77. Schwarz-weiß-Zeichnung der Malereien von Bild 76. Manche Details treten deutlicher hervor.

78. (folgende Doppelseite) Shipahu's Rock in der Umuab-Schlucht gehört zu den bedeutendsten Felsbildstellen Namibias. Diese grafische Umsetzung, die lediglich einen Ausschnitt wiedergibt, macht viele Details und Überlagerungen deutlich. Ein Foto derselben Wand ist in Abb. 83 zu sehen. Breite dieses Ausschnitts: 5,20 m.

ka (!Kung-San, Ju/'hoan-San und Gciriku) das Straußenfleisch als schlecht und schwer verdaulich bezeichnen, während es heute in Europa als Delikatesse für Gesundheitsbewußte verkauft wird. Und von schlechter Verdaulichkeit können wir nach einem Selbsttest nicht berichten.

Es mag sein, daß in der Meidung bestimmter Tiere für den Speiseplan Tabus wirkten, die mit einer als sachlich getarnten Behauptung durchgesetzt wurden – so wie es bei dem Schwein in einigen großen Religionen der Fall ist. Möglich auch, daß Strauße in den Felsbildern wegen der Straußeneier gemalt wurden, die ja ein wichtiger Rohstoff für die Herstellung von Gefäßen und Schmuck waren. Diese Vermutung ist auch deshalb plausibel, weil die häufig dargestellten roten Streifen an den Läufen männlicher Strauße darauf verweisen, daß diese Hähne die Gelege hüten.

79. Manche Maler waren experimentierfreudig: Hier in der Karoab-Schlucht wurden nicht nur verschiedene Farbkombinationen und -mischungen ausprobiert, sondern auch der Versuch unternommen, ein Zebra in Frontalansicht darzustellen. Die drei Männer unterhalb der Zebras könnten drei verschiedene Stadien der Trance zeigen, mit zunehmender Intensität von links nach rechts.

Gebildet durch Bilder

Die Jäger waren also scheinbar ganz besessen von ihren liebsten Beutetieren. Das muß, auch ohne die überkommene Jagdmagie zu bemühen, nicht weiter verwundern, denn man kennt ja solche »Obsessionen« aus anderen Zusammenhängen: Bei vielen Rindernomaden Afrikas sind es zum Beispiel die Rinder, um die sich alles Denken und Trachten dreht. Sie spielen in jedem Bereich des Lebens eine wichtige Rolle – und sei es, daß man sie zu besonderen Festlichkeiten reihenweise schlachtet. Eine solche Wertschätzung auf die Felsbilder zu übertragen, erlaubt den Schluß, daß ein jedes Motiv vielschichtige, tiefere Bedeutungen besitzt. Die Eigenschaften des großen Jagdwildes wurden zu Metaphern in zahlreichen Belangen des Denkens und Glaubens. Den Ausgangspunkt für diese Metaphern bildeten sinnliche Naturerfahrungen, und zwar das Sehen, Hören, Riechen, Schmecken und Fühlen, was wir als Außenstehende weit besser erfassen können als einen ausschließlich mythischen oder phantastischen Hintergrund.

Das große Jagdwild bestand aus Tieren, die man genau beobachtete und deren Verhalten man bis ins Detail studierte und weiter vermittelte. Um dem Kleinwild nachzustellen, das man überwiegend zu essen bekam, benötigte man kein tiefgründiges Wissen. Die Pirsch ist hier nicht langwierig, wie man aus der Völkerkunde weiß, sondern diese Tiere werden häufig nebenbei erlegt, mitunter sogar von Kindern. Die großen Beutetiere waren dagegen eine Materie, mit der man sich eingehend beschäftigen mußte und die es zunächst einmal so zu verstehen galt, wie sie sich in der Natur präsentierte: als biologischer Organismus mit streng eingrenzbaren und berechenbaren Verhaltensweisen – andernfalls wäre es unmöglich, sich brauchbare Kenntnisse über das Fährtenlesen anzueignen. Und genau so wurden die Tiere in den Malereien des Brandberges wiedergegeben: als Bewohner der Steppe, so wie sie seit Jahrtausenden in der Region lebten; jedoch ordnete man ihnen auch andere Inhalte zu, die weit über die biologischen Gegebenheiten hinausweisen.

Genaugenommen fußt die Bedeutung der Tiermotive nicht auf der Jagd selbst, sondern auf dem naturkundlichen Wissen der Jäger. Nicht das Waidwerk inspirierte die Maler zu ihren Bildern, sondern ihre gleichsam »naturwissenschaftlichen« Kenntnisse, die natürlich auch für die Jagd von Nutzen waren. Dies mag erklären, warum die spannungsgeladene Konfrontation zwischen Mensch und Tier – wenn der Pfeil abgeschossen wird – in den Bildern nur höchst selten wiedergegeben ist. Das Anfertigen von Tierbildern bedeutete einen ständigen Rückgriff auf das verfügbare Wissen von der Welt und den wichtigen Wesen, die diese reale – nicht mythische oder phantastische – Welt bevölkern. Das große Wild der Bilder war zwar eine hochwillkommene Jagdbeute, da es für kurze Zeit Nahrung im Überfluß verhieß, aber zunächst waren diese Tierfiguren Vehikel für den allgemeinen Schatz an Kenntnissen. Und dies war mehr als die schlichte Gewitztheit eines Jägers, der seine Beute überlistet; es war ein Wissen von den Zusammenhängen in der Natur und dem Platz, den jedes Wesen in ihr einnimmt. Wie weit dies gehen kann, ersieht man bei den G/wi-San in der zentralen Kalahari, die intuitiv eine Vorstellung von dem entwicklungsgeschichtlich hohen Alter von Schildkröten haben.

Wenn man die Bedeutung der Malerei von dem Fachwissen abkoppelt, das sich streng auf die Jagd bezieht, ergibt sich eine weitere Konsequenz: Nun kann man nicht mehr länger aufrechterhalten, daß allein Männer gemalt hätten – wie eine heute noch weit verbreitete Ansicht lautet. Die durch die Tierdarstellungen vermittelten

80. Giraffen sind recht häufig in verschiedenen Stilen anzutreffen. Dieses Tier aus der Hungorob-Schlucht ist naturalistisch wiedergegeben.

81. Eine Giraffe, deren Einzelmerkmale vereinfacht gemalt sind. Ga'aseb-Schlucht.

82. Diese Giraffe aus der Hungorob-Schlucht ist stilistisch vollständig vereinfacht dargestellt.

Botschaften waren so allgemeingültig, daß sie nicht lediglich der Kommunikation eines Teiles der Bevölkerung, also den Männern, dienen konnten. Vielmehr waren sie ein Element der Verständigung zwischen allen Gliedern der Gesellschaft. Daher können auch Frauen gemalt haben, und zwar selbst dann, wenn Jagdwild dargestellt ist. Das Wissen einer Gemeinschaft, die keine Führer und Institutionen kennt, muß bei möglichst allen Mitgliedern der Gruppe verankert sein, da es keine institutionelle Wahrung und Weitergabe von Kenntnissen gibt. Jeder einzelne muß die gesamte Enzyklopädie seiner Kultur mit sich tragen, denn bei ihm (beziehungsweise ihr) liegt gleichermaßen die Verantwortung, dieses Wissen an die nächste Generation weiterzugeben. Tiere sind ein äußerst geeignetes Medium, um sich durch sie vieler Dinge zu erinnern. Man denke nur daran, welche Geschichten, Fabeln und auch Charaktereigenschaften wir bei dem Stichwort »Fuchs« parat haben. »Tiere lassen sich gut denken«, sagte der berühmte Anthropologe Claude Lévi-Strauss.

Stil muss man haben

Nun noch einige Worte zur Stilistik der Tierbilder. Zum Thema Stil in der Archäologie und Völkerkunde ist schon so viel geschrieben worden, daß die Bücher ohne weiteres eine mittlere Bibliothek füllen würden. Dabei hat sich, kurz gesagt, immer deutlicher abgezeichnet, daß der »Stil« kein universelles Verständnis ermöglicht, wenn man diesen Begriff wie in der europäischen Kunstgeschichte anwendet. Lange Zeit vertrat man die Ansicht, die Stilformen hätten sich im Sinne einer Evolution vom Einfachen zum Komplexen und schließlich zum Abstrakten entwickelt. Anhand dieser Schemata unterschied man aufeinanderfolgende Epochen; eine Vorgehensweise, die heute in der Forschung eindeutig verworfen wird. Klar widerlegt wurde die »evolutionäre Auffassung« erst vor kurzem, als man im Tal der Ardèche die Grotte Chauvet entdeckte. Diese Bilderhöhle birgt eine Felskunst von perfektem Naturalismus mit perspektivischen Darstellungen, wie man sie nur von einer Kunstform erwartete, die bereits Jahrtausende der Stilentwicklung hinter sich hat. Die Bilder aus der Grotte Chauvet zählen jedoch zu den ältesten Kunstwerken der Menschheit und hätten nach jenem Stilverständnis weitaus primitiver sein müssen.

Diese und viele andere Beobachtungen legen den Schluß nahe, Stilformen nicht als Äußerungen bestimmter Epochen zu sehen, die einander in einer fast logischen Folge ablösen. Vielmehr setzte man verschiedene Stile häufig bewußt als Mittel ein, um die eigene Identität abzugrenzen und zu betonen. Die Möglichkeit, prinzipiell einen Stil zeitlich einordnen zu können, soll damit nicht bestritten werden, doch ist andererseits allein die

83. Vorherige Doppelseite: Die Felskunst des Brandbergs lebt vor allem von der Vielfalt der menschlichen Darstellungen. An Wänden wie dieser am Shipahu's Rock in der Umuab-Schlucht haben sich im Laufe von vielleicht Jahrtausenden viele hundert Menschenfiguren angesammelt.

voranschreitende Zeit kein ursächliches Moment für den Wandel eines Stils – es gibt zwischen den beiden Prozessen keinen kausalen Zusammenhang.

So ist die stilistische Einteilung der Tiermalereien in der Felskunst des Brandberges nicht als Stufenmodell von Epochen zu verstehen. Insgesamt sind drei recht grobe, parallel verwendete Kategorien festzustellen (die aber nur für die Tierdarstellungen gelten):

1. naturalistisch (Abb. 80),
2. in Einzelmerkmalen überzeichnet oder vereinfacht (Abb. 81),
3. vollständig überzeichnet oder vereinfacht (Abb. 82).

Diese drei Kategorien treten nebeneinander auf und sind zum Teil »spezialisiert«, das heißt bei bestimmten Tierarten vorherrschend. So sind etwa 90 Prozent der Springböcke naturalistisch gehalten, während der entsprechende Anteil bei den Elefanten gerade 11 Prozent ausmacht. Auch die Giraffen wurden gerne vereinfacht gemalt. Dennoch sind Tierdarstellungen, die nur einen geringen Naturalismus aufweisen, nicht unbedingt zugleich in ihren Handlungen vereinfacht wiedergegeben. Stilistisch völlig simple Figuren können durchaus vielschichtige Handlungsmuster zeigen.

Über die Funktion der Stile in den Tierbildern des Brandberges kann bislang noch nichts Konkretes gesagt werden, denn sie erfüllen keine Erwartung, die man – etwa nach der Kenntnis von Felsbildtraditionen in anderen Kontinenten – an sie knüpfen könnte. Stilformen haben zum Beispiel in Australien eine regionale Komponente, das heißt, sie unterscheiden verschiedene Bevölkerungsgruppen eher in geographischer als in chronologischer Hinsicht. Träfe dies auch beim Brandberg zu, so ließe die übersichtliche Anzahl von Tierarten in den Felsbildern auf eine bestimmte Auswahl von Totemtieren schließen. Wenn diese in bestimmten Regionen vermehrt aufträten, könnte man zum Beispiel jedes Tier einem bestimmten Clan zuordnen. Aber so einfach wird es dem Forscher leider nicht gemacht, denn alle Spezies tauchen bunt gemischt auf, teils in verschiedenen Stilen, außerdem weit über den Berg verstreut und ohne klar erkennbare Konzentrationen. So konnten totemistische Gebräuche wohl kaum stattgefunden haben. Die einzelnen Bevölkerungsgruppen haben sich demnach – wenn überhaupt – offenbar wesentlich fließender, als wir es uns vorstellen, mit bestimmten Motiven identifiziert und vielleicht je nach einem neuen Anlaß eine entsprechend andere Identifikationsfigur aufgebaut. Jedenfalls sähen wir Forscher es lieber, wenn wir ein ordnendes Prinzip in der Verteilung von Tierarten oder Stilformen erkennen könnten. So aber müssen wir nach anderen Merkmalen Ausschau halten, um die Maler besser zu verstehen.

Seht her, wir sind (auch) nur Menschen

Den Springbock liebten die Maler, die Giraffe verehrten sie – aber wirklich interessant war offenbar doch vor allem der Mensch selber. Viele tausend Male stellten sie ihn im Brandberg dar, und an beinahe jedem bemalten Felsen findet sich eine oder mehrere menschliche Figuren. Dafür muß es gute Gründe geben.

Im vorangehenden Abschnitt wurde die These widerlegt, die Tierdarstellungen hätten dem Jagdzauber gedient, und vielleicht muß nun im Zusammenhang mit den Menschendarstellungen das eine oder andere Vorurteil ausgeräumt werden. Die Malereien dienten weder dem Zeitvertreib, noch waren sie reine Dekoration, aber beides wird immer wieder als ihr Wesenszug hingestellt. Auch sind Bilder von Tänzen fast ebenso selten wie von Jagdzügen oder gar Kämpfen – die Felskunst ist kein gemaltes Geschichtsbuch und keine bebilderte Heldensage. Gerne wird auch hin und wieder versucht, den Motiven eine Fruchtbarkeitssymbolik oder abstruse kosmische Bezüge zu unterstellen. Nein – mit solch plumpen Spekulationen ist der Bedeutung der Felsbilder nicht beizukommen. Erforderlich sind zunächst einmal Überblick und eine gewisse Ordnung, mag sie sich auch nur oberflächlich in der Beschreibung der Zahlenverhältnisse artikulieren.

Einen ersten entscheidenden Hinweis liefern die leicht erkennbaren biologischen Unterschiede zwischen den Geschlechtern. Hat man diese in einem Bild konstatiert, so verfügt man über eines der wichtigsten sozialen

Unterscheidungsmerkmale, denn keine Gesellschaft unterläßt es, männlich von weiblich zu sondern. Darüber hinaus sind wohl in allen Gesellschaften weitere soziale Gruppierungen nach dem Alter geordnet, was sich in Bildern beispielsweise am Größenunterschied zwischen Erwachsenen und Kindern darstellen ließe.

In Anbetracht dieser einfachen Vorgaben verwundert es sehr, daß nur ein kleiner Teil der menschlichen Figuren tatsächlich nach Geschlecht oder Alter präzise eingeordnet werden kann. So sind nur äußerst wenige Kinder in den Bildern dargestellt (weniger als ein Prozent), und auch das Geschlecht der Menschen ist nur in etwa 20 Prozent der Fälle klar angegeben. Dabei entfällt der geringfügig größere Anteil auf die Männer, denn 11 Prozent der menschlichen Figuren sind mit einem Penis ausgestattet. Weitere 7 Prozent der menschlichen Figuren haben Brüste, sind also Frauen. Damit verbleiben aber noch über 80 Prozent der Figuren, bei denen wir nichts über ihr Geschlecht, ihre Rolle oder ihre soziale Stellung sagen können.

Nun gibt es ja neben den biologischen auch kulturelle Geschlechtsmerkmale – Bögen selbstverständlich als Kennzeichen für Männer und Grabstöcke als Emblem der Frauen. Denn die Arbeitsteilung nach Geschlechtern wird in Jäger- und Sammler-Gesellschaften immer wieder genauestens auseinandergehalten: die Männer jagen, die Frauen sammeln. Doch hier steckt die Tücke im Detail; sehr häufig wird der Grabstock in Afrika mit einem durchbohrten Stein beschwert, um ihm so eine größere Masse und Effektivität zu verleihen. Diese Technik aber gab es in Namibia nie, und daher lassen sich die Grabstöcke in den Felsbildern nicht von anderen Stöcken unterscheiden. Die Malereien des Brandberges zeigen fast ebenso viele Männer wie Frauen, die einen Stock tragen, wobei die Funktion dieser Stöcke oft unklar bleibt. Wollten die Männer auch sammeln? Oder mußten sie gar?

Und selbst die Bögen sind nicht völlig eindeutig gehalten. Natürlich sind sie grundsätzlich eine Jagdwaffe der Männer, aber es gibt auch Ausnahmen von dieser Regel. Sieht man einmal von den seltenen Einzelfällen ab, in denen Frauen mit Bögen hantieren, so gibt es noch eine ganze Reihe von Bildern, in denen die Bögen Musikinstrumente darstellen. Diese Form des Musizierens ist völkerkundlich gut belegt: Die Sehne eines straff ge-

84. Etwa 11 Prozent der Menschendarstellungen sind wie diese eindeutig als Mann zu erkennen. Sie sind häufig mit Accessoires ausgestattet, die für jede einzelne Figur individuell gestaltet sind. Selten jedoch wurde ein Gesicht mit unverwechselbaren Details gemalt, wie bei diesem Mann vom Schlangenfelsen (Hungorob-Schlucht). Stilistisch sind Männer zumeist lang und schlank dargestellt. Größe vom Kopf bis zur Sohle: 19 cm.

85. Frauen wurden nicht ganz so häufig wie Männer gemalt; sie erreichen einen Anteil von 7 Prozent an den menschlichen Figuren. Frauendarstellungen zeigen meist einen fülligen Typ, im Unterschied zu den Männerfiguren. Motiv aus dem Fries der »Weißen Dame«. Größe: 28 cm.

»Die Gesetze des Handelns« – Was in den Felsbildern wirklich geschieht

86. **Wenn Eidechsen sprechen könnten...**

Als Harald Pager einmal gefragt wurde, wie er denn damit fertig werde, so lange vollkommen allein im Brandberg zu leben und zu arbeiten, antwortete er: »Oh, das ist kein Problem. Man kann sich ablenken und sich zum Beispiel mit den Eidechsen unterhalten. Ein Problem wird es erst, wenn sie antworten.«

Unseres Wissens hat ihm nie eine Eidechse geantwortet, und auch sonst ist uns niemand bekannt, der mit Eidechsen gesprochen hätte. Doch im Gegensatz zu diesen im Brandberg allgegenwärtigen Tierchen haben uns die ebenso stummen Felsbilder viel mitzuteilen. Denn wir können beobachten, was dort passiert; vor unseren Augen breitet sich eine ganze Palette von in Bildern festgehaltenen Geschehnissen aus. Ein wesentlicher Vorzug der namibischen Felsmalereien besteht darin, daß die Handlungen der Menschen sehr fein differenziert dargestellt werden. Doch entgegen geläufigen Klischees findet man Jagden oder Kämpfe ganz selten vor, und auch Tänze sind nicht eben häufig. Statt dessen sieht man meist Menschen in Bewegung, unterwegs von Nirgendwo nach Unbekannt, fast immer in Eile und nahezu nie allein. Aber hier gilt es, genauer hinzusehen und die Details in Bewegung und Gestik herauszufiltern. Hierfür dient uns ein Analyseverfahren, das die Handlungen in verschiedene Sinnblöcke unterteilt, so daß man die Grundhaltungen (liegen, sitzen, stehen und gehen, laufen, rennen, springen) von zusätzlichen Körperhaltungen (vorbeugen, drehen usw.)

87. bis 89. Menschen bei verschiedenen Tätigkeiten, die man nur in abstrakten Kategorien analysieren kann, da es schwierig wäre, hierfür konkrete Situationen zu ersinnen.

sowie der Armtätigkeit gesondert aufnehmen kann. Durch eine solche genaue Aufgliederung der Tätigkeiten können auch dort Unterschiede herausgearbeitet werden, wo die bloße Betrachtung einer Vielzahl von Bildern keine Erkenntnisse bringt. Ein sehr einfaches Beispiel für diese Vorgehensweise sind die typischen Bewegungsmuster von Frauen und Männern in den Felsbildern: Die Frauen rennen nicht, die Männer hingegen sehr häufig – eine Tatsache, die übrigens auch Völkerkundler bei den San der Kalahari beobachtet haben. Dort gilt es für Frauen als »unschicklich«, zu rennen.

Für sich allein ist ein solches Detail in der Malerei nur schwer zu entschlüsseln, aber im Verbund mit vielen anderen Befunden zu den Handlungsmustern läßt es sich zu einem sinnvollen Bild zusammenfügen. Hierher gehört auch die Beobachtung, daß die Männer mehr mit Gerätschaften hantieren, während die Frauen häufiger Gesten mit den Armen ausführen.

Ein weiterer Bereich, in dem die genaue analytische Sondierung von Handlungsmustern schnell zum Sinn einer Darstellung führt, ist die Nutzung von Bögen (s. nächste Seite). Diese Geräte treten nicht nur in sieben verschiedenen Formen auf, sondern jeder dieser Typen wird in den Darstellungen auch unterschiedlich gehandhabt. Hierbei gibt es feste Schemata, die wahrscheinlich darauf gründen, daß jeder Bogentyp ein eigenes Prestige besaß – und mit ihm auch sein Träger. Tatsächlich fällt der von seiner Technologie her ungewöhnlichste Bogen auch in der besonderen Verwendungsweise auf. Es handelt sich um den Reflexbogen (Typ 1), der mit seinen drei abwechselnden Biegungen nur in einer hochentwickelten Zusammenfügungstechnik hergestellt werden kann. Aufgrund von archäologischen und ethnologischen Untersuchungen geht man davon aus, daß solche Bögen in prähistorischer Zeit nur als Importe von der ostafrikanischen Küste ins südwestliche Afrika gelangt sein können. Wenn dem so ist, dann waren diese Waffen

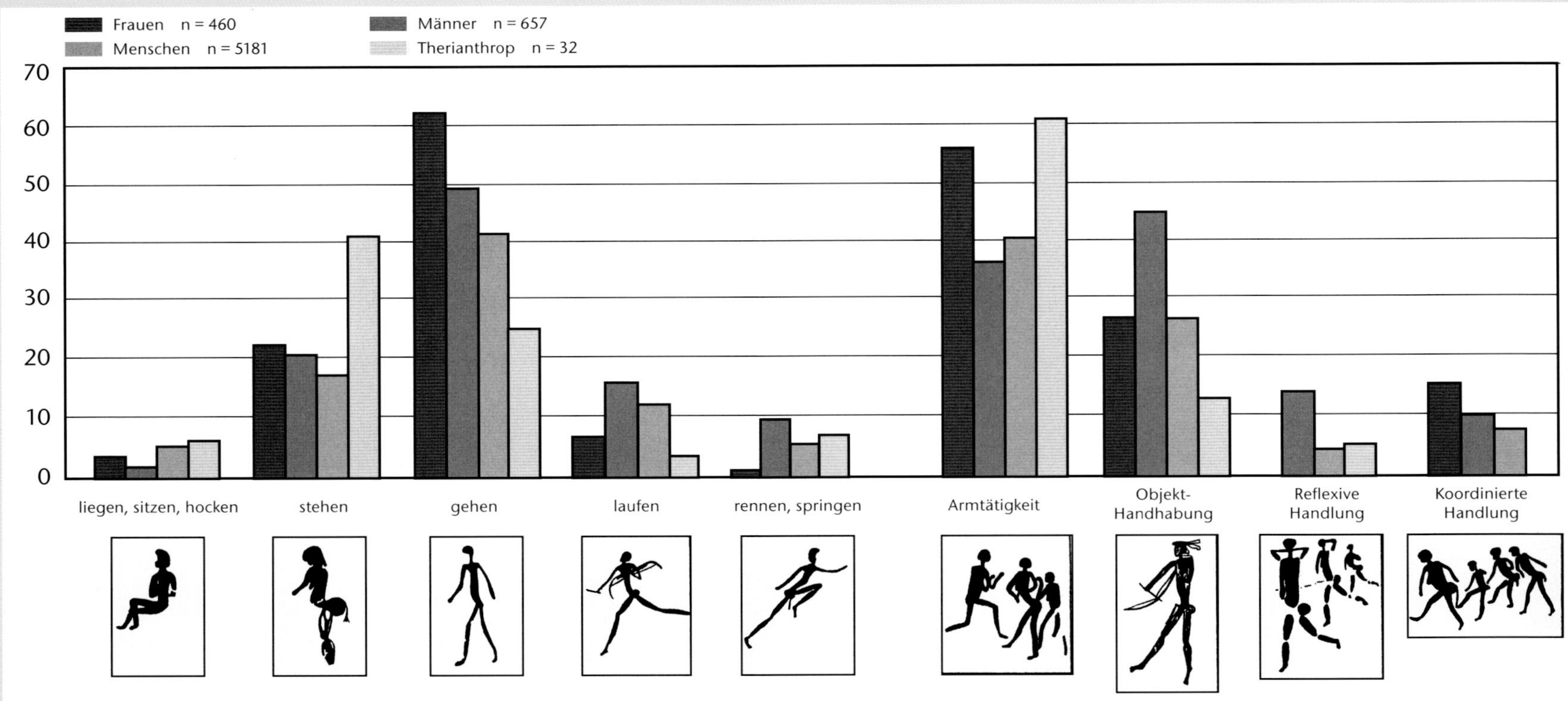

mit Sicherheit außerordentlich geschätzte Güter, und ein entsprechendes Ansehen dürften auch ihre Träger besessen haben. Steht dieses Renommee nun in Verbindung mit Macht, so erfüllt der Bogentyp 1 hier die daraus resultierenden Erwartungen: Kein anderer Typus wurde so häufig in tatsächlicher Anwendung gezeigt, und das bedeutet, daß er auch zur Ausübung von Macht eingesetzt wurde. Denn der Bogen ist in erster Linie eine todbringende Waffe; er verleiht Macht über Leben und Tod. Wenn also die meisten anderen Bogentypen nicht so häufig bei ihrer praktischen Verwendung gezeigt werden wie Typ 1, so tritt bei ihnen möglicherweise nicht diese Primärfunktion in den Vordergrund, sondern eine abgeleitete oder andere Nutzungsweise. Bekanntlich kann ein Bogen ja auch als Musikinstrument dienen. Der Bogentyp 1 könnte also ein besonderes Zeichen von Macht oder Ansehen sein – vielleicht auch bei der »Weißen Dame«, denn dort sehen wir einen solchen Bogen abgebildet. Der Begriff der Macht ist hier jedoch mit großer Vorsicht zu gebrauchen, denn wir gehen davon aus, daß die Gesellschaft der Maler großen Wert auf Gleichheit legte und damit politische Macht sicher verpönt war. Da Bögen aber vorrangig Jagdwaffen sind, könnte sich die dadurch repräsentierte Macht auf die Jagdbeute bezogen haben. Folglich mögen Bögen vom Typ 1 den Träger der Waffe als jemanden ausgezeichnet haben, der starken Einfluß auf die Jagdtiere hatte, etwa ein Medizinmann.

Sieht man von solchen Hervorhebungen ab, so verträgt sich das Wesen der Bilder sehr gut mit unserer Alltagserfahrung: Nicht was die Menschen sind, ist so sehr wichtig, sondern was sie tun. Und wenn dies auch selten spektakuläre Aktivitäten sind, geben doch die Feinheiten und inneren Regeln der Bilder oft sehr bedeutungsvolle Hinweise. Damit trägt eine jede Figur, so unscheinbar sie auch sein mag, zum Verständnis der Felskunst bei.

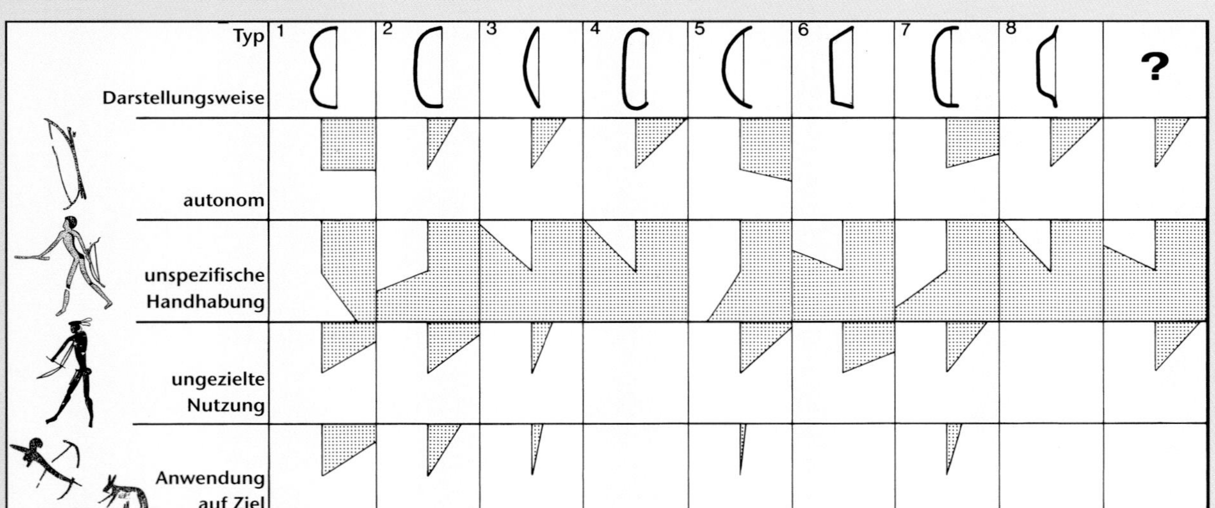

90. Diese Aufschlüsselung der Handlungen macht deutlich, daß jedes Motiv einen eigenen Charakter besitzt, allein in der Art, wie die jeweiligen Figuren handeln. Prozentangaben.

91. Hier ist aufgeschlüsselt, in welcher Häufigkeit die jeweiligen Bogentypen in den Bildern gehandhabt werden. Das graue Feld füllt sich im Uhrzeigersinn, ein volles Feld entspricht 100%. So ist $^1/_4$ aller Bögen vom Typ 1 autonom dargestellt, das heißt, der Nutzer des Bogens ist nicht erkennbar, die Waffe ist für sich allein gezeigt.

spannten Bogens wird als Saite zum Klingen gebracht, während die Verstärkung über verschiedene Resonanzkörper erfolgt – mal ist es der Mund, dann der Brustkorb oder ein künstlicher Hohlkörper (Abb. 95, 96). In jedem Fall haben diese Nutzungen nichts mit dem Männervergnügen der Jagd zu tun. Letztlich könnte es also in die Irre führen, wenn man bestimmte Gerätschaften als »kulturelle Geschlechtsmerkmale« heranzieht, um zwischen Männern und Frauen zu unterscheiden. Eine solche Prämisse wäre ein Spiegelbild unserer Erwartungen und keine unbefangene Beobachtung.

Wir tun also gut daran, einen »richtigen Mann« und eine »richtige Frau« allein anhand der klar sichtbaren biologischen Merkmale zu identifizieren – kurzum: ohne Penis kein Mann und ohne Brüste keine Frau. Eine Figur, die mit keinem dieser beiden Attribute aufwarten kann, ist schlicht – ein Mensch. Genau darauf haben die Maler bei mehr als drei Viertel aller menschlichen Darstellungen offenkundig abgezielt: eine Figur zu schaffen, der man weder Geschlecht noch Alter, noch Rang oder Status ansehen kann. Freilich muß hier eingeräumt werden, daß mancher »Mensch« einem schlechten Erhaltungszustand geschuldet ist. Bei den Männerfiguren ist es ja nur ein winziges Detail, an dem das Geschlecht zu erkennen ist. Fehlt hingegen die ganze untere Hälfte einer Figur, dann kann nicht mehr festgestellt werden, ob es sich um einen Mann handelt; als Mensch ist sie aber immer noch hundertprozentig zu identifizieren.

Von solchen seltenen Schwachstellen abgesehen, läßt sich das Konzept »Mensch« aber verläßlich untermauern, denn es weist hinsichtlich der Stilistik, der Attribute und Handlungsmuster markante Unterschiede gegenüber den Männer- und Frauendarstellungen auf: »Menschen« handeln im Durchschnitt anders als Männer und Frauen, ihre Stilistik enthält andere Schwerpunkte, und sie sind anders ausgeschmückt. In wissenschaftlicher Terminologie sind diese Figuren »Null-markiert«, es wurde hier also keine Markierung vorgenommen, gerade um etwas ganz Bestimmtes auszudrücken. Eine Nullmarkierung bedeutet keine völlige Unbestimmtheit, sondern sie steht für eine ebenso genaue Zuweisung, wie sie andernfalls durch eine Markierung erzielt wird. Man kann dies mit einem dicken Schlüsselbund vergleichen: Wenn alle Schlüssel außer einem mit bunten Plastikringen markiert sind, so heißt das nicht, daß dieser eine Schlüssel keine Funktion hat. Vielmehr ist seine Bestimmung daran zu erkennen, daß er eben »Null-markiert« ist.

Und dieses Konzept »Mensch« macht Sinn: Auch wir kennen vergleichbare Konstruktionen, in denen Merkmale wie Geschlecht, Rolle oder Status ausgeklammert werden, etwa bei »Kindern« oder »Senioren«. Allerdings handelt es sich hier um altersbestimmte Gruppen. Doch auch zu der Kategorie »Mensch« in den Felsbildern besitzen wir ein passendes Pendant: Unser Begriff »Person« trifft genau die Darstellungsweise in den Malereien des Brandberges. Der Mensch als soziales Wesen steht hierbei im Vordergrund, nicht etwa sein Rang innerhalb der Gesellschaft, seine Statussymbole oder seine eventuellen Verdienste aufgrund irgendwelcher Großtaten. Er ist Gleicher unter Gleichen, ein unauffällig wirkendes Glied der Gruppe, das es nicht nötig hat, sich in irgendeiner Weise hervorzutun.

Ist dies zu idealistisch? Tritt hier der Glaube an das Gute im Menschen zu sehr in den Vordergrund? Wahrscheinlich nicht. Es ist anerkanntes Wissen, daß Jäger- und Sammler-Verbände sehr häufig egalitär strukturiert sind, das heißt keine Führerschaft zulassen. Niemand kann in einer solchen Gesellschaft eine dominierende Stellung einnehmen oder anderen seinen Willen aufzwingen, sondern lediglich durch natürliche Autorität und Sachkompetenz sich Gehör verschaffen. Eine solche gesellschaftliche Organisation hat natürlich ihre Konsequenzen: So sieht man es unter Jägern und Sammlern gar nicht gern, wenn jemand versucht, sich durch besondere Taten zu profilieren – in krassem Gegensatz beispielsweise zu unseren Jägern heute, deren Trophäen mitunter Mittel für prahlerische Selbstdarstellungen sind. Wer bei den San nicht durch Untertreibung glänzt, dem stutzen seine Mitmenschen den Stolz mit Hohn und Spott und derben Pointen (siehe Exkurs »Prahlhans« S. 98f.). Einer *Person*, wie sie in den Felsbildern erscheint, könnte das nicht passieren – so bescheiden, wie sie daherkommt.

Die besonderen Eigenschaften der *Personen* sind also im sozialen Bereich zu suchen, eben dort, wo es um die Belange der Gemeinschaft geht. Das läßt sich anhand verschiedener Merkmale bei Äußerlichkeiten und Handlungsmustern feststellen. Nimmt man diese Faktoren von allen Personen zusammen und betrachtet sie unter statistischen Gesichtspunkten, so erhält man ein Querschnittsbild, einen regelrechten »Durchschnittsmenschen«. Und obwohl er die Eigenschaften Tausender Figuren in sich vereint, hat er dennoch einen eindeutigen Charakter, der ihn deutlich vom »Durchschnittsmann« oder der »Durchschnittsfrau« unterscheidet.

92. Diese Menschen sind »Null-markiert«, das heißt, weder Geschlecht noch Rolle oder Status sind zu erkennen. Es sind ganz einfach Personen, ohne männliche oder weibliche Attribute, ohne Rechte oder Pflichten. Schlangenfelsen, Hungorob-Schlucht. Größe der linken Figur: 23 cm.

93. Auch hier kann man das Geschlecht nicht erraten – und soll es vermutlich auch nicht. Hungorob-Platten. Größe der linken Figur: 20 cm.

94. Vorherige Doppelseite: Dieser Fries vom Schlangenfelsen in der Hungorob-Schlucht verdeutlicht in verschiedener Hinsicht die Vielschichtigkeit der Felsmalereien: Motive und Farben treten in großer Varianzbreite auf, und zudem wurde hier in mindestens sieben Schichten übereinander gemalt.

Achtet man auf die Äußerlichkeiten des Null-markierten Menschen, so stellt man fest, daß er stilistisch nicht festgelegt ist. Anders als die Männer- und Frauenfiguren, die bevorzugt in wenigen Stilformen gemalt wurden, sind die *Personen* in allen Stilformen vertreten. Sie wahren darüber hinaus ein möglichst unauffälliges Profil, denn sie sind nur ganz selten durch Körperschmuck oder Körperbemalung hervorgehoben. Nicht aufdrängen, nicht auffallen – das scheint ihre Devise zu sein.

Diese Eigenschaft setzt sich in ihren Handlungsmustern fort: Auch hier ist keine Spezialisierung auszumachen, im Unterschied zu den Männer- und Frauenfiguren, wie wir noch sehen werden. Ihre Mobilität läßt weder einen hohen noch einen niedrigen Energieaufwand erkennen, das heißt, die dargestellte Fortbewegung erfolgt in einem mäßigen Tempo. Die Nutzung der Gerätschaften liegt ebenfalls bei einer mittleren Häufigkeit. Wenn Geräte abgebildet sind, werden sie in der Regel nicht sachgerecht genutzt, sondern lediglich mitgeführt, als müßten sie zwar dabeisein, aber ihr tatsächlicher Einsatz ist entweder nebensächlich oder wird als selbstverständlich vorausgesetzt.

Das Gestikulieren mit den Armen in den Bildern kann als eine Darstellung von Kommunikation verstanden werden, da Sprache sich ja nicht malen läßt. Denn eine Bewegung der Arme, ohne ein Gerät zu betätigen, kann nur dazu dienen, etwas zu signalisieren und damit eine Botschaft auszusenden, kurz: zu kommunizieren. Diese Muster finden sich, verglichen mit den Männer- und Frauenfiguren, bei den *Personen* mit mittlerer Häufigkeit. Aber bei den *Personen* kommt hinzu, daß die Gesten recht frei und nicht so aufeinander abgestimmt sind wie etwa bei den Frauen. Vereinfacht ausgedrückt: Bei den Null-markierten Figuren tut jede etwas anderes, während die Frauen vereint handeln.

Betrachtet man die Gruppen, in denen sich die *Personen* zusammenfinden, so erkennt man endlich eine gewisse Spezialisierung: sie bilden die größten Ansammlungen (wieder im Vergleich zu den Männern und Frauen) mit durchschnittlich vier Mitgliedern. Die Tätigkeiten in diesen Gruppen sind allerdings meist nicht aufeinander abgestimmt, sondern bestehen aus ganz allgemeinen und unspektakulären Aktivitäten.

95. Dieser weitere Beleg für die Nutzung von Bögen als Musikinstrumente findet sich in der Hungorob-Schlucht. Der Musiker steht auf der Felswand allerdings völlig allein. Größe: 26 cm.

96. Dieses Motiv aus der Tsisab-Schlucht machte Henri Breuil als Girl's School Shelter berühmt. Es zeigt eine Prozession von Frauen, die alle einen Bogen tragen. Offenbar ist an jedem Bogen eine Kalebasse befestigt, die vermutlich als Klangkörper für Musikbögen diente. Darstellungen der Brüste in dieser Form wären sehr ungewöhnlich.

Alles an den *Personen* scheint offenbar darauf zugeschnitten zu sein, Gemeinsamkeiten hervorzuheben und die soziale Zugehörigkeit zu betonen. Gerade dies sind ja die Bedingungen, die für das Funktionieren einer Jäger- und Sammler-Gesellschaft so überaus wichtig sind. Durch das Ideal des »Menschen ohne Eigenschaften« werden drei Werte besonders hervorgehoben: die Gemeinschaft, die Gleichheit und – wegen der vielen Figuren, die ständig in Bewegung sind – auch die Mobilität. Die Malerei wurde offenkundig immer und immer wieder eingesetzt, um diese Ideologie zu erneuern oder zu vertiefen und die Botschaft zu vermitteln: Wir sind eine Gemeinschaft, in der alle gleich sind, und unser hohes Gut ist die Mobilität.

Es soll indessen nicht vergessen werden, daß auch Unterschiede existieren. So gibt es, wenn auch nur in kleinerer Stückzahl, die Modelle »Mann« und »Frau«, und hier waren die Künstler ebenfalls sehr genau mit den »Schnittmustern«, so daß wir in der Lage sind, ihre Norm nachzuzeichnen.

Zunächst zu den Männern: Bei ihnen fallen in der Auswertung der statistischen Daten Eigenheiten auf, die zunächst etwas kurios wirken mögen, so zum Beispiel, daß sie sehr viel mehr rennen als die Frauen oder *Personen*. Stilistisch fallen sie auf, weil sie besonders lang und dünn, häufig regelrecht verzerrt dargestellt werden. Außerdem ist ihnen ein Hang zum Individualismus zu eigen, der sich zum Teil in detailliertem Körperschmuck äußert. Sie leisten es sich eher als alle anderen, mit Körperbemalung oder sonstigem Zierat aufzuwarten – wohlgemerkt, auch mehr als die Frauen, bei denen man das vielleicht eher erwarten würde. Da dieser Körperschmuck bei zwei beliebigen Figuren niemals völlig identisch ist, eignet er sich besonders gut dafür, die Individualität des betreffenden Mannes zum Ausdruck zu bringen. Mittels dieses Körperschmuckes geben sie offenbar Signale an die Umgebung weiter, während die Frauen sich eher durch gemeinschaftliche Handlung und Interaktion auszeichnen.

Die Tätigkeiten der Männer erfordern unter allen Figuren den höchsten Energieaufwand: Sie bewegen sich am schnellsten vorwärts und sind am häufigsten mit Gerätschaften zugange, während die bloße Armtätigkeit – also das Gestikulieren, das bei den Frauen so häufig auftritt – ihre Sache nicht ist. An (gestischer) Kommunikation ist ihnen scheinbar nicht sonderlich gelegen. Hierzu paßt ferner, daß die Männer im Durchschnitt nur in Zweiergruppen auftreten. Diese offenkundige Tendenz zum Individualismus ist wohl auch der Grund dafür, daß sie weniger als Frauen und *Personen* gemeinsam und gezielt handeln. Der Bereich der Interaktion ist bei ihnen am schwächsten ausgeprägt.

Trotz der Vielfalt von Eigenschaften, welche die Männer in den Malereien aufweisen, läßt sich daraus ein schlüssiges Bild ableiten. Hier wurde offensichtlich dargestellt, was die Maler vielleicht als »typisch Mann« verstanden haben – nicht in dem halb resignierten Sinne von »So sind sie eben«, sondern vielmehr als ein Ideal, das Männer mit solchen Eigenschaften zum Vorbild erhebt.

Durch die Handhabung der materiellen Kulturgüter wurde den Männern eindeutig die Kompetenz für die handfesten, praktischen Dinge des Lebens zugewiesen. Sie waren mit den Vorgängen von Ursache und Wirkung genau vertraut, da sie viel mit den alltäglichen, energieaufwendigen Geschehnissen zu tun hatten: Wenn man ein bestimmtes Gerät auf eine bestimmte Weise einsetzt, tritt ein vorhersehbares Resultat ein – die Kausalverknüpfung von Ursache und Wirkung. Wer dieses »Metier« beherrschte, war auch für die maßgeblichen Entscheidungen des Alltags zuständig. Die Männer organisierten also das tägliche Leben, ihre Kompetenz lag in der physischen, der dinglichen Welt.

Was blieb dann noch den Frauen? Mußten sie auch in der Prähistorie immer wieder zurückstecken, Haushalt führen, Kinder versorgen? Waren das schon immer die Pflichten der Frauen gewesen?

Zum Glück, so kann man sagen, geht es auch anders – zumindest ging es schon einmal anders, damals, vor Jahrtausenden, in Namibia. Denn das gleich zu Beginn: Die Frau als Hüterin des Haushaltes und als sorgende Mutter kommt in den Malereien überhaupt nicht vor. Nicht, daß sie ihre Kinder vernachlässigt hätten – wir wissen von den heutigen Jägern und Sammlern, wie frei und zugleich umsorgend die Erziehung bei ihnen sein kann. Aber die Pflichten des Alltags gehörten nicht zu dem Idealbild der Frau in der Gesellschaft der Maler. Das war es nicht, was ihren Status ausmachte. Augenfälligster Beleg: Es gibt keine Bilder, die Frauen beim Sammeln zeigen, was ja unstreitig die wichtigste ihrer »produktiven Tätigkeiten« gewesen sein dürfte. Und Darstellungen von Müttern mit Kindern sind kaum häufiger als von Vätern mit Kindern. Versorgung und Kinderaufzucht gehörten also nicht zum spezifischen Rollenverständnis der Frau.

Man wußte dennoch sehr genau, was man mit dem Abbild der Frau ausdrücken wollte, das sehr präzise festgelegt war. Mehr als die anderen Motive sind die Frauenfiguren in ihrem Äußeren spezialisiert. Dies erkennt

97. Diese Art der Darstellung, besonders schnell zu rennen, war offenbar den Männern vorbehalten. Auch wenn dies nicht dem natürlichen Bewegungsablauf entspricht, ist es doch ein sehr eindrückliches Mittel, Schnelligkeit und Intensität zum Ausdruck zu bringen.

98. Hier darf augenscheinlich ein Kind bei seinem Vater auf den Schultern reiten. Shipahu's Rock, Umuab-Schlucht. Größe: 24 cm.

man daran, daß sie hauptsächlich in zwei Stilkonventionen auftreten und dabei vor allem füllige Körperformen bevorzugt wurden. Darüber hinaus zeigen sie gerne stilistische Besonderheiten, jedoch stets in Gruppen, denn der Individualismus der Männer, wie er zum Beispiel im Körperschmuck zum Ausdruck kommt, war bei ihnen offenbar verpönt.

Wie schon zuvor erwähnt, sind die Frauen häufiger als die Männer und *Personen* in Gruppen anzutreffen, wo man sie bei interaktiven oder aufeinander abgestimmten Tätigkeiten sieht. Ihre Bewegungen vollziehen sich dabei mit möglichst geringem Energieaufwand, das heißt, sie bewegen sich langsamer voran als etwa die Männer, auch haben sie viel seltener Geräte zur Hand als diese. Dafür ist bei den Frauen die gestische Kommunikation wesentlich deutlicher ausgeprägt, und immer wieder trifft man sie bei Handlungen an, die sich durch eine Harmonie der Bewegungen auszeichnen. Es ist also eindeutig erkennbar, daß der dargestellten Tätigkeit eine Absprache zugrunde liegt, daß man sich mittels Kommunikation darauf geeinigt hat, auf eine bestimmte Art und Weise in gleicher Form tätig zu werden. Das kann bedeuten, daß die Frauen die Kommunikation beherrschten (also Symbole austauschten), und zwar in dem Sinne, daß sie sich am intensivsten der Verständigungssysteme bedienten, diese vielleicht auch kontrollierten und weiterentwickelten.

Der Umgang mit Symbolen leitet über zum symbolischen Tun: Ganz offensichtlich waren die Frauen für die formalen gemeinschaftlichen Handlungen zuständig, wie etwa religiöse Akte, Rituale und Zeremonien. Ihre Kompetenz erstreckte sich auf die metaphysische, die geistige Welt. Damit unterlag ihnen die Kontrolle und der Erhalt der sozialen Beziehungen, sie schufen die soziale Harmonie, waren die Hüterinnen der Gemeinschaft – und damit ist nicht die Kleinfamilie gemeint, sondern die gesamte Gesellschaft, für deren Zusammenhalt und Fortbestand sie sorgten.

Diese längeren Ausführungen zu den Männern, Frauen und *Personen* in den Malereien können jeweils auf einen kurzen Begriff gebracht werden – man mag es allerdings auch eine unzulässige Verkürzung nennen. Dennoch sollen die Schlagworte den Gehalt fassen, der andernfalls einen längeren Traktat erfordern würde. Man kann also sagen, daß Männer die »Spezialisten des Alltags« waren, die Frauen die »Spezialisten des Besonderen« und die *Personen,* die »Null-markierten Menschen«, die »Generalisten des Alltags«. Und diesen letztgenannten schenkte man die größte Aufmerksamkeit. Somit liegt die Annahme nahe, daß die allgemeinen Probleme des Alltags die Maler am meisten beschäftigten. Man rufe sich nun in Erinnerung, was zuvor bezüglich des Springbocks und seiner Verbindung zu einer intakten Umwelt ausgeführt wurde. Die hier dargelegten Interpretationen der Menschen- und Tierfiguren in der Felskunst erhalten im Licht des nachfolgenden Zitats einen tiefen und sehr

99. In dieser Reihe von Frauen (aus dem Gebhardt Shelter in der Amis-Schlucht) ist die Koordinierung der Handlung gut zu erkennen: Die meisten Frauen schreiten voran, indem sie eine Hand ans Gesicht halten und den Ellenbogen nach vorne richten. Größe der Figuren: 22–24 cm.

100. Die Rollen von *Personen,* Männern und Frauen lassen sich in grober Vereinfachung auf diese Schlagworte reduzieren. Auch wenn viele Aspekte der Motive damit übergangen werden, so erfassen diese Überschriften doch wesentliche Charakterzüge, die in den Bildern dargelegt sind.

wirklichkeitsnahen Sinn. So resümiert Megan Biesele, die über viele Jahre die Traditionen der Kalahari-San erforschte, ihre Erkenntnisse aus den mündlichen Überlieferungen: »[Die Geschichten], die ich im letzten Jahrzehnt aufgenommen habe, zeigen den Unterbau einer Vorstellungswelt der Jäger und Sammler. Sie handelt von den Problemen des Lebens, die schon immer die Lebensführung der Jäger und Sammler charakterisiert haben müssen, so etwa unkontrollierbares Wetter, Schwierigkeiten, Fleisch zu beschaffen, die Gefahr von Raubtierangriffen sowie die korrekten Beziehungen zur Schwiegerfamilie. Diese Art von Sorgen, in mündlicher Form kunstvoll ausgedrückt und erkundet, waren bei zahlreichen Veränderungen in der Umwelt ein Teil der Jäger- und Sammler-Lebensweise.«

Abschließend noch einige Bemerkungen zu einer weiteren Besonderheit, die die Malereien im Brandberg auszeichnet. Man muß nicht unbedingt Ungewöhnliches in die Bilder hineininterpretieren, es ist manchmal ganz einfach schon da. Die Rede ist von den Tier-Mensch-Wesen, die man auch als Therianthrope bezeichnet. In diesen Bildern finden wir eine Vermischung von Tier- und Menschenkörpern vor, die zusammen ein neues Wesen bilden. Dabei handelt es sich um phantastische oder vielleicht mythische Figuren, doch im Unterschied zur Ohrenschlange bei den Tierdarstellungen gibt es hier keinen Typus, der diese Motivgruppe dominiert. Auch ist der Anteil der Mischwesen am gesamten Figurenensemble sehr begrenzt; er beläuft sich auf weniger als ein Prozent. Diese Darstellungen sind damit so selten, daß ein Maler sie rein rechnerisch nur einmal in seinem Leben anfertigte. Dies verleiht den Motiven ein ganz besonderes Gewicht, denn die geschickte und zielbewußte Vermischung von Merkmalen spricht dagegen, daß sie belanglose Zufallsprodukte sind.

In der Regel besitzen die Therianthrope einen menschlichen Körper, dem teils Tierköpfe, teils Tierbeine, häufig auch beides hinzugefügt wurden. Eine andere Kombination, die wiederholt auftritt, zeigt einen Antilopenkörper mit menschlichen Hinterbeinen (Abb. 103, S. 80). Eine genauere Interpretation oder auch nur Vorstellung, was diese Figuren bedeuten, gibt es nicht. Denn leider hat keines der afrikanischen Völker Namibias eine mündliche Überlieferung, die sich darauf bezöge. Bemerkenswert ist beim letztgenannten Motiv, daß auf

101. Auch dies war ein wichtiger Bestandteil der den Frauen zugeschriebenen Rolle: ihre Bereitschaft zur und Freude an der Kommunikation, die in diesem Bild aus der Umuab-Schlucht zum Ausdruck kommt. Höhe der Figuren: 8–10 cm.

102. Dieser Fries aus dem Bereich »Felsenzirkus« in der Numas-Schlucht mutet wie ein Programm der Felsmalereien des Brandbergs an: Ruhende Tiere versinnbildlichen eine intakte und harmonische Natur, während die Menschen ihre Wertvorstellungen von Gemeinschaft, Gleichheit und Mobilität demonstrieren.

einer der bemalten Platten aus der Apollo-11-Grotte, die ein Alter von 27000 Jahren aufweist, genau ein solches Wesen zu sehen ist (s. Abb. 5). Dies ist zwar kein Beleg für eine fortlaufende Tradition in der Malerei, doch könnten manche Vorstellungen sehr langlebig gewesen sein.

Die Merkmalsvermischung bei den Therianthropen erfolgte recht unspektakulär, so daß diese Figuren so etwas wie Normalität ausstrahlen. Ihnen fehlt alles Bedrohliche oder Angsteinflößende, was man bei dieser Gruppe von Motiven vielleicht erwarten könnte. Außerdem wirken ihre Handlungen, außer bei den veränderten Antilopen, ganz menschlich, und die Art ihrer Tätigkeiten rückt sie tendenziell näher zu den Frauen als zu den *Personen* oder Männern. Damit gilt für die Tier-Mensch-Wesen, ähnlich wie für die Frauen, daß ihre Kompetenz im Bereich des sozialen Miteinanders sowie der symbolischen Handlungen liegt. Sie waren offenbar für religiöse Akte, Rituale und Zeremonien zuständig. Eine weitere, tiefere Bedeutung kann diesen Motiven derzeit noch nicht zugesprochen werden; es fällt lediglich auf, daß die Motive in besonderer Weise verteilt sind. So halten die Fundstellen mit Therianthropen (bis auf einen Fall) stets einen sehr »respektvollen« Abstand zueinander ein. Zwischen den Stätten, an denen solche Motive angebracht sind, liegen zumeist mehr als dreißig Wegminuten. Neben der charakteristischen Vermischung von Merkmalen spricht auch die Verteilung dieser Figuren dafür, daß sie als beständiges Element in der gesamten Kultur verwurzelt waren und nicht etwa der Laune einer einzelnen, örtlich eingegrenzten Gruppe entsprangen. In jedem Fall schaffen sie die Verbindung von der alltäglichen Welt, in der es ganz natürlich zugeht, wie die meisten Felsmalereien zeigen, zu einem mythischen, phantastischen Reich, in dem die Grenzen zwischen Mensch und Tier aufgehoben sind.

Der hier präsentierte Überblick über alle Motive kann zu einer Gesamtschau der Malerei im Brandberg verdichtet werden. Die folgenden Interpretationen sind als Verständnishilfen zu verstehen, um die Bedeutung der Felskunst insgesamt zu erhellen.

103. Dieses Tier-Mensch-Wesen aus der Maack-Grotte (»Weiße Dame«) weist neben einem schlanken Antilopenkörper menschliche Hinterbeine auf. Eine bemerkenswerte Parallele zu dieser Kombination ist auf der bemalten Platte in der Apollo-11-Grotte zu erkennen, die aber sicher 25 000 Jahre älter ist (vgl. Abb. 5).

In der Malerei dominieren zwei Hauptthemen, nämlich das soziale Leben sowie ein Bereich, den wir mit dem Begriff Ökologie umschreiben können. Ferner ist, als kleinerer Seitenzweig, eine mythische oder phantastische Welt zu erahnen.

Das soziale Leben zeigt Menschen in idealisierten Situationen und Konstellationen. Sie bieten ein Idealbild der gesellschaftlichen Rollen von Männern, Frauen und *Personen*, aber sicher keine Wunschvorstellung, wie man sich das tägliche Leben erträumte – denn in diesem Fall müßten die Kinder zweifellos eine wesentlich größere Rolle spielen. Das Idealbild gab den Menschen ihre Verhaltensnormen vor, so wie auch in unserer Kultur ein Geistlicher allwöchentlich den Gläubigen aus dem Kodex des »korrekten« Betragens vorträgt. In allen Gemeinschaften bestehen Regeln, wie man sich zu verhalten hat, welche Rolle man einzunehmen hat. In vielen Gesellschaften wird nur zwischen den zwei Hauptkategorien »männlich« und »weiblich« unterschieden. Die Maler des Brandberges hielten dagegen noch eine dritte Alternative bereit: den Null-markierten Menschen, die *Person*. Das zahlenmäßige Überwiegen dieser Kategorie deutet an, daß das Verhalten jener Figurengruppe am wichtigsten und am ehesten wünschenswert war. Man legte also den Schwerpunkt nicht auf die Geschlechts- und Alterslosigkeit, sondern auf eine ganz bestimmte Lebensführung, die keine Rolle und keinen Rang kennt. Das Ideal war eben ein Leben in Gemeinschaft, Gleichheit und Mobilität – die drei Werte, die besonders durch das Bild von *Personen* immer wieder betont zutage treten.

Der Bereich, den wir als Ökologie bezeichnet haben, verleiht in der Malerei vor allem den Tierbildern ihre Glaubwürdigkeit. Hier wird eine Welt gezeigt, die nicht so sehr vom Handeln bestimmt ist wie bei den Menschenfiguren. Die Bilder wirken vielmehr wie Ikonen, und ein jedes ihrer Motive löste beim eingeweihten Betrachter eine lange Assoziationskette aus. Das Wissen von Vorgängen, Zuständen und Wechselbeziehungen in der Natur wurde so immer wieder aufgefrischt. Eine nennenswerte menschliche Einflußnahme ist in diesem Zusammenhang offenbar überhaupt nicht zu verzeichnen, denn die Tiere wurden von den Menschen (in den Bildern) weitestgehend in Ruhe gelassen. Die Menschen beschäftigen sich fast ausschließlich mit sich selbst und dem Wohl und Wehe ihrer Gemeinschaft. Die Tiere dagegen sind zeitlos und damit auch geschichtslos: Sie repräsentierten Werte, die keinem schnellen Wandel unterliegen. Die Natur ist etwas Gegebenes, das in sich selbst ruht. Die menschliche Gemeinschaft ist etwas von Menschen Gemachtes, das nur bei richtigem Tun und Verhalten einen guten Weg nimmt.

Aber was ist mit der religiösen Sphäre, mit dem Mythischen und Phantastischen? Nun, dafür hielt die Felsmalerei nur eine kleine Nische bereit, die nach unserem bisherigen Kenntnisstand hauptsächlich von Ohrenschlangen und Tier-Mensch-Wesen bevölkert zu sein scheint. Dennoch werden die Menschen auch diesbezüglich einen reichen Überlieferungsschatz besessen haben, den sie sich vielleicht schon damals, wie heute noch die San, in zahllosen Geschichten, Märchen und Sagen bewahrten. Die Maler des Brandberges orientierten sich dagegen stark am Hier und Jetzt, bezogen sich auf ein soziales Universum. Die Menschen entwarfen in den Bildern eine Welt, die sie tatsächlich erleben oder selber erst erschaffen wollten.

Männer und Frauen

Den vierten Tag in Folge ließ die junge Frau nun schon ihren Mann ihre Verärgerung spüren: Sie hatte das Feuer den ganzen Tag über nicht nachgelegt, als er in den benachbarten Schluchten auf der Jagd war; ihr Wohnbereich am Rande der kleinen Fläche lag voller Abfälle, und eine wassergefüllte Straußeneiflasche war umgefallen und unbeachtet leergelaufen. Zudem hatte sie am Vortag herausfordernd mit seinem Bogen hantiert, wohl wissend, daß sie damit sein Jagdglück aufs Spiel setzte. So hatte er sich auch nicht gewundert, daß er heute nur einen Dassie von der Jagd mitbrachte – eine kümmerliche Ausbeute, für die er sich beinahe schämen mußte.
Ihre Mutter, die bei ihnen lebte, hatte den Ärger kommen sehen. Ihre Tochter war natürlich über seine Kontaktaufnahme zu einer anderen jungen Frau äußerst erzürnt. Als Schwiegermutter hatte auch sie wenig Verständnis für seine Avancen. Doch nun war es an der Zeit, schlichtend einzugreifen. Denn diese gespannte Situation spielte bei den Gesprächen an allen Feuern der kleinen Gruppe eine große Rolle und drohte die Gemeinschaft in zwei Lager zu spalten. Vorsorglich hatte die alte Frau daher am Nachmittag einige Rötelsteine im Feuer erhitzt und anschließend zermahlen. Bei Sonnenuntergang fing sie nun an, eine alte Melodie zu singen und sich gemächlich unter das kleine Felsdach am anderen Ende der überschaubaren Hochfläche zu begeben. Sie nahm darunter Platz, rührte ihre Farben mit etwas Wasser an und begann zu malen. Schon bald saß die Gruppe fast vollzählig um sie herum und fiel in ihren Gesang ein. Einige hatten brennende Äste mitgebracht und machten nun, bei hereinbrechender Dunkelheit, ein Feuer am Rande des Überhangs. Im flackernden Licht malte die alte Frau zunächst eine Giraffenkuh, die sich hinunterbeugt, um von einem Busch die oberen Blätter abzuäsen. Darauf stimmten die Zuschauer ein Lied an von der Stärke der Frauen und ihrer Gabe, Frieden zu stiften. Als nächstes malte die Alte ein Bild mit einer Reihe von Frauen beim Giraffentanz, bei dem sie ihre Hände in den Nacken legen und den langen Hals der Giraffe preisen. Sie war noch nicht fertig, als sich ihr Schwiegersohn neben sie hockte und seinerseits seine Farben herausholte. Er malte zwei Springböcke, die sein Jagdglück zurückbringen und den guten Zustand ihres Jagdgebietes beschwören sollten. Kurz darauf traten eine weitere alte Frau und ein alter Mann neben sie, auch sie mit Farben, und begannen Menschenfiguren zu malen – Menschen, die nichts weiter bei sich trugen, sondern einfach unterwegs waren, zufrieden und eins mit einer Welt, in der jeder seinen Platz kannte und mit allen in Frieden lebte. Sie malten auch zwei Männer, die mit ihren Jagdtaschen dahineilten, und sangen dazu ein Lied, das die Behendigkeit der Männer und ihr Geschick im Umgang mit den tödlichen Waffen pries. So entstanden etliche Figuren, die sich über die Wand verstreuten, mal einzelne, mal in kleinen Szenen, und der Gesang wurde immer kräftiger und mitreißender, bis schließlich alle auf der kleinen Fläche vor dem Überhang tanzten. Gemeinsam und harmonisch bewegten sie sich alle vor und zurück, vor und zurück, singend und immer die frisch gemalten Bilder im flackernden Licht vor Augen.

Als Karthago gegründet wurde, oder: die Entstehungszeit der Felskunst

Vor knapp 3000 Jahren war der Norden Afrikas Schauplatz dramatischer Veränderungen: Mit der Gründung Karthagos etablierte sich eine neue Macht, die Phöniker, während die pharaonische Hochkultur Ägyptens ihre glanzvollste Zeit hinter sich hatte und an Einfluß verlor. Es ist durchaus möglich, daß es den expandierenden Phönikern um 600 v. Chr. sogar gelang, Südafrika zu umsegeln. Dort aber kannte man derartige Umwälzungen nicht und pflegte einen Lebenswandel in Muße, aus der Künstler ihre Inspiration schöpfen. Während man also am nördlichen Ende des Kontinents lernte, Elefanten als Kriegsmaschinen einzusetzen, diente am entgegengesetzten Ende der Elefant als künstlerisches Ausdrucksmittel für religiöse und mythologische Vorstellungen. Die Felsmalerei erlebte in dieser Epoche ihre vielleicht beste Zeit.

Angesichts des breiten Bedeutungsspektrums dieser Kunst stellt sich häufig die Frage, in welches Metier die Felsbilder eigentlich einzuordnen sind: eher in die Kunstgeschichte, mehr in die Völkerkunde oder letztlich doch in die Archäologie? Bei einer wesentlichen Frage, die die Felskunst aufwirft, ist die Antwort rasch gefunden: Das Alter der Bilder muß geklärt werden, will man ihre Stellung in der Kulturgeschichte erfassen. Und hier ist die Archäologie am Zuge – die aber natürlich auch Erkenntnisse aus Völkerkunde, Kunstgeschichte und anderen Fachgebieten heranzieht.

So war mit der Erforschung der Felskunst stets der Versuch verbunden, die Bilder zu datieren. Hier bieten sich vor allem zwei Methoden an: die unmittelbare und die mittelbare Datierung. Bei dem ersten Verfahren werden Farbproben von den Figuren entnommen und ihr Alter sodann mit naturwissenschaftlichen Analysen festgestellt. Das zweite Vorgehen nutzt datierende Elemente aus dem archäologischen Fundzusammenhang für die Altersbestimmung. Es wird nicht überraschen, daß beide Untersuchungsweisen sowohl Vorteile als auch Nachteile besitzen. Der Vorzug der direkten Methode liegt auf der Hand: Gelingt dieses Verfahren, so hat man das unzweifelhafte Alter eines Bildes. Besonderes Aufsehen erregte diese Form des Altersnachweises vor wenigen Jahren, als Bilder aus der französischen Grotte Chauvet auf über 30 000 Jahre datiert wurden und somit einige gängige Vorstellungen über die Entwicklung der Kunst ins Wanken gerieten.

Solche sensationellen Ergebnisse werden jedoch um den Preis gewonnen, daß man für diesen Zweck die Bilder beschädigen muß – ein beträchtlicher Nachteil. Selbst modernste Geräte wie Teilchenbeschleuniger benötigen je nach der Beschaffenheit des Farbstoffs ungeheure Probemengen, um genügend organisches Material zur Altersbestimmung zu gewinnen. Daher herrscht unter den Felsbildforschern heute weitgehend Einigkeit darüber, auf derartige Datierungen zu verzichten. Denn soll einem Wissenschaftler gestattet sein, was er einem anderen Betrachter nicht zugestehen würde? Vielleicht gibt es ja schon in wenigen Jahren unmittelbare Datierungs-

104. Ansicht der Riesenhöhle in der Amis-Schlucht (im Vordergrund), in der die wichtigste Ausgrabung im Brandberg stattfand.

möglichkeiten, die keine Zerstörung verursachen. Lediglich Ausnahmefälle wie die Grotte Chauvet mögen tolerierbar sein – zumal man dort einerseits mit sehr geringen Probemengen auskam, da Holzkohle zum Malen verwendet wurde; andererseits datierte man Abriebspuren von Fackeln, die nicht als Kunstwerke betrachtet werden.

Die respektvolle und sensible Haltung gegenüber den Felsbildern begann sich erst um das Jahr 1980 zu entwickeln. Probenentnahmen von Malereien waren vordem durchaus üblich, und so gab es auch ein Datierungsprogramm mit den Felsbildern des Brandberges. Der Stuttgarter Chemiker E. Denninger hatte ein Verfahren entwickelt, mit dem der Anteil von Aminosäuren in organisch gebundenen Farben gemessen wurde. Diese Aminosäuren werden im Laufe der Jahrhunderte abgebaut, so daß eine geringe Anzahl dieser Säuren nach einem bestimmten Schlüssel auf ein entsprechend hohes Alter schließen läßt. Allerdings wurde diese Methode nur an den Farben europäischer Kirchenfresken entwickelt und geeicht, so daß sich die Daten zur Farbzusammensetzung und daher auch zum ursprünglichen Gehalt an Aminosäuren ausschließlich darauf beziehen. Bei der Untersuchung der namibischen Bilder konnten über die Farbbestandteile nur Vermutungen angestellt werden. Hinzu kommt, daß die Obergrenze dieser Datierungsmethode bei 1500 Jahren liegt, während viele Anzeichen darauf hindeuten, daß die namibischen Felsmalereien wesentlich älter sind. Das Verfahren Denningers wird deshalb heute nirgendwo mehr angewendet.

Darüber hinaus hat man nur wenige weitere Versuche unternommen, die Felsbilder im südlichen Afrika unmittelbar zu datieren. So enthielt eine schwarze Farbprobe aus dem Brandberg entgegen aller Erwartung nur äußerst geringe Spuren organischen Materials, da Manganerz statt Holzkohle als Farbstoff diente. Die Forscher errechneten, daß für eine verläßliche Altersbestimmung – selbst mit einem Teilchenbeschleuniger – eine Farbfläche von einem halben Quadratmeter abgenommen werden müßte. Daran ist selbstverständlich nicht zu denken.

Mehr Glück war den Archäologen in Südafrika beschieden. Sie untersuchten Bruchstücke von Felsmalereien der Drakensberge, die durch natürliche Einflüsse allmählich zerfielen – eine akzeptable Form der Probenentnahme. In der Farbe fanden sich winzige Spuren organischer Fasern, die offenbar von dem benutzten Pinsel stammten. Deren Datierung ergab ein Alter von einigen hundert Jahren. Das war allerdings keine Sensation, be-

105. Archäologische Funde und Felsbilder an einer Stelle – der Beweis ihrer tatsächlichen Zusammengehörigkeit ist zumeist leider Glückssache.

stätigte dieses Datum doch lediglich die Vermutungen der Archäologen, die sie durch die mittelbare Altersbestimmung bereits gewonnen hatten.

Bei diesem indirekten Verfahren versucht man die Felskunst zeitlich einzuordnen, indem man die archäologischen Bodenfunde an den Felsbildstellen analysiert. Der Vorteil dieses Vorgehens besteht darin, daß die Bilder unangetastet bleiben und man nebenbei noch einiges über das einstige Leben und Tun an diesen Stätten erfährt, was ja für die Bedeutung der Kunst sehr wichtig sein kann. Der schwerwiegende Nachteil dieses archäologischen Verfahrens liegt jedoch darin begründet, daß sich ein Zusammenhang zwischen den Bodenfunden und den darüber befindlichen Felsbildern nur sehr mühsam – wenn überhaupt – beweisen läßt. Doch es gibt auch Glücksfälle. Wie im einleitenden Kapitel kurz erwähnt, fanden die Kölner Archäologen Breunig und Richter an der Fundstelle »Riesenhöhle« in der Amis-Schlucht des Brandberges bei einer Ausgrabung zahlreiche Bruchstücke von Felsbildern. Diese waren von dem schrägen Felsdach abgeplatzt und zusammen mit Holzkohleresten in den Boden gelangt. Eines der Fragmente konnte sogar wieder in die zugehörige Figur eingefügt werden. Die Holzkohle, die mit diesem Stück unmittelbar zusammenlag, hatte ein Alter von 2700 Jahren. In dieser Schicht befanden sich noch weitere bemalte Granitbruchstücke sowie Holzkohlenreste, die den Datierungen zufolge um einige Jahrtausende älter waren. Nach der archäologischen Methode ist es jedoch richtig, nur das jüngste Datum für die zeitliche Einordnung heranzuziehen. Es gibt aber lediglich darüber Aufschluß, wann das Bild beschädigt wurde, und nicht, wann es entstand.

Diese Datierung ermöglichte eine zuverlässige und höchst willkommene Bestätigung anderer archäologischer Erkenntnisse, die man auf mittelbarem Wege gewonnen hatte. Die Untersuchung zahlreicher Felsbildstellen in Zentralnamibia hatte ergeben, daß in den Bodenbefunden stets eine bestimmte Phase aus der Kulturfolge der Jungsteinzeit anzutreffen war. Nach Jürgen Richter unterteilt sich diese Epoche, die man im Englischen als »Later Stone Age« bezeichnet, in die Phasen A bis E, und von diesen ist nur der Abschnitt C tatsächlich an jeder Felsbildstelle nachzuweisen, während alle anderen Phasen da oder dort fehlen. Der Abschnitt C, der für die letzten 1500 Jahre vor unserer Zeitrechnung steht, ist zum Beispiel am Anteil bestimmter Steingeräteformen oder an

106. Der »Riese«, die lebensgroße Figur auf dieser Wand, gab der Höhle ihren Namen. Unter ihm sieht man eine lange Reihe menschlicher Figuren, von denen die fünfte von rechts beschädigt ist, aber auch auf der Figur des Riesen sieht man zahlreiche abgeplatzte Stellen.

107. Die abgeplatzten Teile der Malereien in der Riesenhöhle sollten im Boden unter der Wand ausgegraben werden, um die Bilder, von denen sie stammen, datieren zu können.

108. Das Granitplättchen, das vom Oberkörper der Figur unterhalb des Riesen abgeplatzt war, wurde knapp 10 cm unter der heutigen Oberfläche ausgegraben.

109. Ein typisches Fettschwanzschaf am östlichen Fuß des Brandberges. Der Mensch in diesem Bild kann nur der Hirte sein. Die Stilkonvention folgt aber ganz den Wildtier-Bildern, wie sie die Jäger und Sammler anfertigten.

110. Ein Fettschwanzschaf, dessen Kopf mit einer Farbe gemalt wurde, die noch flüchtiger als Weiß ist. Auch heute gibt es derartige Schafe in Namibia, die einen schwarzen Kopf und einen weißen Körper haben.

kleinen Straußeneiperlen zu erkennen. Zudem taucht in den Bodenfunden dieser Zeitstufe immer wieder Rötelstein auf, aus dem Farbe gewonnen wurde. Da allerdings aus der Völkerkunde bekannt ist, daß man aus Rötelstein auch Körperfarbe herstellte, sind entsprechende Funde bei einer Ausgrabung noch kein Beleg dafür, daß an dieser Stelle tatsächlich einst Felsmaler tätig waren.

Die Datierungsmöglichkeiten der Archäologen erschöpfen sich glücklicherweise nicht in der unmittelbaren und der mittelbaren Altersbestimmung, denn die Motive selbst erlauben manchmal eine grobe, aber wichtige zeitliche Einordnung. Wie an anderer Stelle ausgeführt, sind stilistische Betrachtungen dabei mitunter hilfreich, doch leider ist dies in Namibia nicht der Fall. Etwas besser gestaltet sich die Situation in Südafrika, da dort die Maltechnik mit der Zeit weiterentwickelt wurde. Die einfarbige Malerei wandelte sich zum mehrfarbigen und schließlich zum mehrfarbig schattierten Farbauftrag, so daß hier häufig schon bei der ersten Betrachtung eine grobe Alterszuweisung möglich ist.

Die günstigeren Datierungsmöglichkeiten in Südafrika gelten auch für die Motive selbst, denn dort findet man Darstellungen, die erst nach Ankunft der Europäer im 17. Jahrhundert angefertigt worden sein konnten, also Pferde, Wagen, Schiffe, Gewehre oder Menschen mit europäischen Kleidern. In Namibia gibt es keines dieser Motive – was aber immerhin den Schluß zuläßt, daß alle Malereien vor der Ankunft der Europäer entstanden sein dürften. Aus der Sicht des Archäologen ist es eher von Vorteil, ein Motiv zu finden, das eine Datierungsmöglichkeit zuläßt, als lediglich zu konstatieren, daß es fehlt. In dieser Hinsicht bietet beispielsweise die Sahara glückliche Forschungsbedingungen, denn dort wurden in großem zeitlichen Abstand Hausrind, Pferd und Kamel nacheinander eingeführt. Diese Motive erlauben also eine grundsätzliche chronologische Einstufung.

Auch im Brandberg kann man in Einzelfällen diese Altersbestimmung anwenden: Da man weiß, daß Schafe erst vor etwa 2000 Jahren nach Namibia und in das südliche Afrika gelangten, können die Bilder dieser Tiere folgerichtig höchstens 2000 Jahre alt sein. Leider gibt es nur eine Handvoll solcher Motive, und es scheint, als ob die Maler, je länger sie die Tierhaltung betrieben, desto weniger Lust verspürt hätten, diese Tiere abzubilden.

Im Zusammenhang mit der afrikanischen Felskunst, insbesondere der namibischen, taucht immer wieder die Altersangabe von 27 000 Jahren auf. Diese Datierung wurde bei einer Ausgrabung im Süden Namibias gewonnen, in der, wie im einleitenden Kapitel erwähnt, kleine bemalte Steinplatten zutage traten (z.B. Abb. 5, S. 12). Das Alter wurde aus Holzkohlen ermittelt, die nahe bei diesen Platten lagen. Damit stammt die vorläufig älteste Kunst Afrikas aus Namibia, und zwar aus einer kleinen Grotte, die unter dem Namen »Apollo 11« bekannt wurde. Im Jahre 1969 arbeitete der Archäologe Wolfgang Erich Wendt in dieser bis dahin namenlosen Höhle im Süden Namibias und erfuhr in der Einsamkeit der Berge im Radio von der Mondlandung der Raumfähre Apollo 11. Er wählte sie zur Namenspatronin der Fundstelle, ehe er die sensationellen bemalten Platten fand.

Im Blick auf die Malereien des Brandberges ist diese hohe Altersangabe jedoch mit äußerster Vorsicht zu verwenden. Selbst wenn es sich bei den Apollo-11-Platten um Zeichnungen auf Felsuntergrund handelt, so besteht der Zusammenhang mit den Malereien des Brandberges zunächst nur in der übereinstimmenden technischen Ausführung. Es gibt allerdings bis heute keinerlei Anzeichen, daß eine fortlaufende Tradition von den frühen Malereien bis in die Zeit der Brandberg-Darstellungen führt. Die ältesten Bilder aus dem Brandberg mögen 4000, vielleicht auch 6000 Jahre alt sein. Es verbleiben dann aber immer noch beträchtliche 20 000 Jahre, aus denen bisher keine Zeugnisse des künstlerischen Schaffens in Namibia bekannt sind.

Das Alter der Bilder hat die Archäologen beschäftigt, seit sie mit ihren Forschungen begannen, und es kann kein Zweifel daran bestehen, daß dies noch lange der Fall sein wird. Damit wird die eingangs gestellte Frage, in wessen Zuständigkeitsbereich die Felskunst fällt, auch für die Zukunft beantwortet: Es sind die Archäologen, die sich dieser Herausforderung stellen müssen.

Die Palette der Maler

111. **Die Palette der Maler liegt auf dem Boden. In kurzer Zeit kann man an geeigneten Stellen eine bunte Vielfalt von Farbsteinen auflesen.**

Regen, Wind, Sonnenglut, Frost – die Kräfte der Natur finden viele Wege, um den Verfall der Felsbilder herbeizuführen. Dennoch erstaunt es immer wieder, welche Leuchtkraft manchen Malereien zu eigen ist, trotz des Jahrhunderte, zum Teil Jahrtausende währenden Einwirkens dieser zerstörerischen Elemente. Die Farbpigmente dieser Bilder sind genauso dauerhaft wie der Granit, auf dem sie angebracht wurden.

An manchen Stellen bietet der Brandberg eine breite Palette von Farben, die man nur vom Boden auflesen muß. Alle Schattierungen von einem tiefen Rot über Violett bis zu blassem Rosa finden sich als Farbsteine, aber auch Ocker und strahlendes Gelb. In ihrer großen Mehrzahl sind die Malereien in roten Farbtönen gehalten, die man aus Hämatit (Rötelstein) gewann. Er kann auch im Feuer erhitzt werden, um die Farbwirkung zu verstärken. Eine solche aus einem eisenhaltigen Mineral bestehende Farbe verblaßt nie; sie kann lediglich mit dem Felsen, auf dem sie sich befindet, abgetragen werden. Denn es ist eine der besonderen Eigenschaften dieser Farben – mit der Ausnahme von Weiß –, daß sie in den Felsen eindringen und mit ihm gleichsam eins werden. Es verbleibt kein Farbauftrag an der Oberfläche, sondern das Gestein selbst ist dort, wo es bemalt wurde, verfärbt.

Dabei spielt die Flüssigkeit, in der das Farbpulver gebunden ist, eine wichtige Rolle. Hier mag häufig Blut oder Blutserum verwendet worden sein, denn hiervon berichten die Völkerkundler; möglich wären aber auch Eiklar von Vogeleiern, Honig oder Pflanzensäfte.

112. In Minutenschnelle läßt sich auf einem Stein das Rötelpulver herstellen.

113. Der Rumpf dieser Oryxantilope ist rot gemalt und hat sich bis heute erhalten. Von den weißen Partien der Figur ist nur noch ein geringer Teil der Vorderbeine erkennbar. Länge der Figur: 18 cm.

Andere tierische Produkte, die man als natürliche Bindemittel kennt, wie Milchkasein oder Knochenleim, dürften für Jäger und Sammler nur schwer zugänglich gewesen sein. Schließlich tut auch klares Wasser durchaus seinen Dienst, während die Tauglichkeit von tierischen und pflanzlichen Fetten den widersprüchlichen Auffassungen und Berichten zufolge umstritten bleibt, obwohl ihre Nutzung wahrscheinlich ist. Die hier genannten eiweißhaltigen Bindemittel bilden sehr witterungsbeständige Kalk-Eiweiß-Verbindungen, wenn sie auf Calcium-Verbindungen treffen, die in fast allen Gesteinen vorkommen. Auch das trägt zur Dauerhaftigkeit der aufgetragenen Farbpigmente bei.

Das trifft jedoch nicht auf alle Farben zu, denn Weiß hat besondere Eigenschaften. Zum einen ist es gar nicht so einfach, ein gutes weißes Pigment zu finden; die prähistorischen Maler in Afrika hatten es mit verschiedenen Grundstoffen wie Sinter, natürlichem Gips, Vogelkot oder Kaolingestein (Porzellanerde) versucht. Unabhängig vom Ausgangsmaterial kann das weiße Farbpigment aber nicht beliebig fein wie die anderen Farbstoffe gemahlen werden. Denn unterhalb einer Korngröße von 5µm (1 Mikrometer = $^1/_{1000}$ mm) nimmt das menschliche Auge die volle Reflexionswirkung des Pigments nicht mehr wahr, und der Stoff wirkt transparent. Daher hat die weiße Farbe stets eine relativ grobe Textur, liegt auf der Oberfläche des Felsens auf und ist so für Wind- und Wassererosion anfällig. Viele Bilder weisen heute eine bizarre Form auf, weil die weißen Bestandteile der Darstellung verschwunden sind. Dasselbe gilt manchmal für schwarze Malereien, deren Farbpigmente häufig aus Holzkohle oder Ruß bestehen; manchmal sind aber auch Manganerze als Basismaterial belegt.

Leider kann man nur darüber spekulieren, wie die oft äußerst fein gemalten Darstellungen auf den Felsen gelangten, denn bisher war es keinem Archäologen vergönnt, die Werkzeuge eines Malers auszugraben. Allerdings steht eindeutig fest, daß wir es mit Malereien und nicht mit Zeichnungen zu tun haben. Für Zeichnungen hätte man die Pigmentsteine wie Stifte benutzt und die Bilder direkt auf dem Felsen angebracht. Für Malereien muß das Pigment jedoch zuerst gemahlen und dann zu Farbe angerührt werden, die anschließend mit einem passenden Werkzeug auf den Felsen aufgetragen wird. Als Pinsel kommen Stöckchen mit daran befestigten Tierhaaren oder eigens zurechtgeschnittene Vogelfedern in Frage. Beide Malinstrumente erzielten in Tests gute Ergebnisse und sind überdies in ethnographischen Berichten belegt. Andere Werkzeuge könnten angespitzte oder weichgekaute Stöckchen sowie aus zerfaserten Pflanzenbestandteilen gefertigte Pinsel gewesen sein. Und schließlich kennen wir einige wenige Bilder, die eindeutig mit den Fingern gemalt wurden.

Im ganzen gesehen hält die Palette der Maler ein Rätsel bereit: Wir wissen zwar, welche Pigmente sie benutzten, aber trotz komplizierter technischer Untersuchungsmethoden bleibt weiterhin unklar, wie sie angemischt und weiterverarbeitet wurden. Der Wissenszuwachs während der letzten 200 Jahre war somit eher bescheiden, folgt man der Notiz von W. Somerville, der die südafrikanische Kapregion von 1799 bis 1802 bereiste und als erster von Felsmalern im südlichen Afrika berichtete: *„...ihr Schwarz ist Holzkohle, Rot ist Eisenerz, und für Weiß sammeln sie die trockenen Exkremente des Wasserhuhns."* Es war also in verschiedenerlei Hinsicht eine bunte Palette, die sich die Maler vor zwei Jahrhunderten zusammenmischten – und auch vor zwei Jahrtausenden war sie mit Sicherheit nicht minder bunt.

Die Kunst, sich in Szene zu setzen: Die Bildner von Gemeinschaft

»Ich denke, also bin ich« – diese apodiktische Aussage des im 17. Jahrhundert lebenden französischen Philosophen René Descartes zählt zu den wohl eingängigsten und bekanntesten philosophischen Grundsätzen der westlichen Kultur. Fast automatisch leitete sich daraus für unser Alltagsleben der Satz ab: »Ich sehe, also erkenne ich.« So mancher glaubt deswegen nur das, was er sieht. Unsere Geistesgeschichte kennt jedoch noch einen weiteren philosophischen Grundsatz: Das Ganze ist mehr als die Summe seiner Einzelteile. Die Beziehungen der Einzelbestandteile einer Sache zueinander machen einen Teil ihrer Bedeutung aus, und diese Bezüge kann man nicht sehen oder fühlen. Was nun im täglichen Leben gilt, ist in der Felskunst nicht anders: Eine Figur ist, für sich allein genommen, nur ein Motiv – wie ein gesprochener Satz. Eine Geschichte wird daraus erst, wenn mehrere Sätze zusammenkommen. Die Felsbilder können in analoger Weise also nur etwas erzählen, wenn mehrere Figuren zusammenwirken.

Um zu verstehen, welche Mitteilungen die Felsbilder für den Empfänger enthalten und wie sie zu ihm gelangen, ist der Vergleich mit Sprachstrukturen sehr hilfreich: In ihrem Informationsgehalt entspricht eine Figur einem Aussagesatz, und eine Szene ist die sinnvolle Zusammenfügung mehrerer solcher »Sätze«. Die Sprachwissenschaft bezeichnet eine solche größere Sinneinheit als (Text-)Abschnitt. Sprachforscher erfassen die Wesensmerkmale eines Abschnitts unter anderem mit den Begriffen »Fokus« und »Setting«, die sich sehr gewinnbringend auch auf die Felsbilder anwenden lassen. Der Terminus Fokus bezeichnet die Geschehnisse einer Szene und bezieht sich darauf, welche Handlung wir sehen. Er hilft beispielsweise, Antworten auf folgende Fragen zu finden: Worauf leitet das Geschehen der Szene hin? Was unternehmen die Hauptbeteiligten gemeinsam, und auf welches Ziel sind ihre Tätigkeiten gerichtet? Das Setting hingegen meint das Ambiente, die Gestaltung der Umgebung, die es im Idealfall ermöglicht, das Geschehnis räumlich und zeitlich präzise einzuordnen. Im Setting sind all die Informationen zu finden, mit denen die Szene ausgestaltet wird und die nicht zum Fokus, das heißt zur Handlung, beitragen.

So gebräuchlich der Begriff »Szene« auch sein mag, er bleibt zumeist doch ein verschwommenes Konzept ohne klare Definition. Ob Theater, Film, Kunstgeschichte oder Alltag – jeder scheint sich eine passende Bedeutung des Wortes »Szene« zurechtzulegen. Für ein wissenschaftliches Analyseschema, wie wir es für die Felsbilder benötigen, führt dies freilich nicht weiter.

Nimmt man alle unscharfen Vorstellungen von diesem Terminus in den verschiedenen Wissensbereichen zusammen, dann zeigt sich, daß eine »Szene« mit einem geschlossenen Handlungsablauf verbunden ist. Die Teilnehmer sind an zwei Hauptmerkmalen zu erkennen: sie partizipieren an einer genau umschreibbaren Handlung, und sie zeichnen sich häufig durch äußerliche Gemeinsamkeiten aus. Sind diese nicht gegeben, so wird die szenische Einheit durch Interaktion geschaffen. Die Zusammengehörigkeit der Handelnden in einer Szene kommt also in ihrem Tun und ihrem Äußeren zum Ausdruck. Sie werden dann einer gemeinsamen Szene zugeordnet,

114. Eine geschlossene Szene, in der sich drei reich geschmückte Männer einer Giraffe nähern. Über der Giraffe scheint es zu regnen. Die Männer haben keine feindlichen Absichten – sind es vielleicht »Regendoktoren«? Ga'aseb Schlucht. Größe des linken Mannes: 26 cm.

115. In dieser Szene aus der Karoab-Schlucht liegt das Ziel des Bogenschützen im Fokus. Das Setting besteht hier aus der Art des Bogens, dem Köcher und den Körperhaltungen.

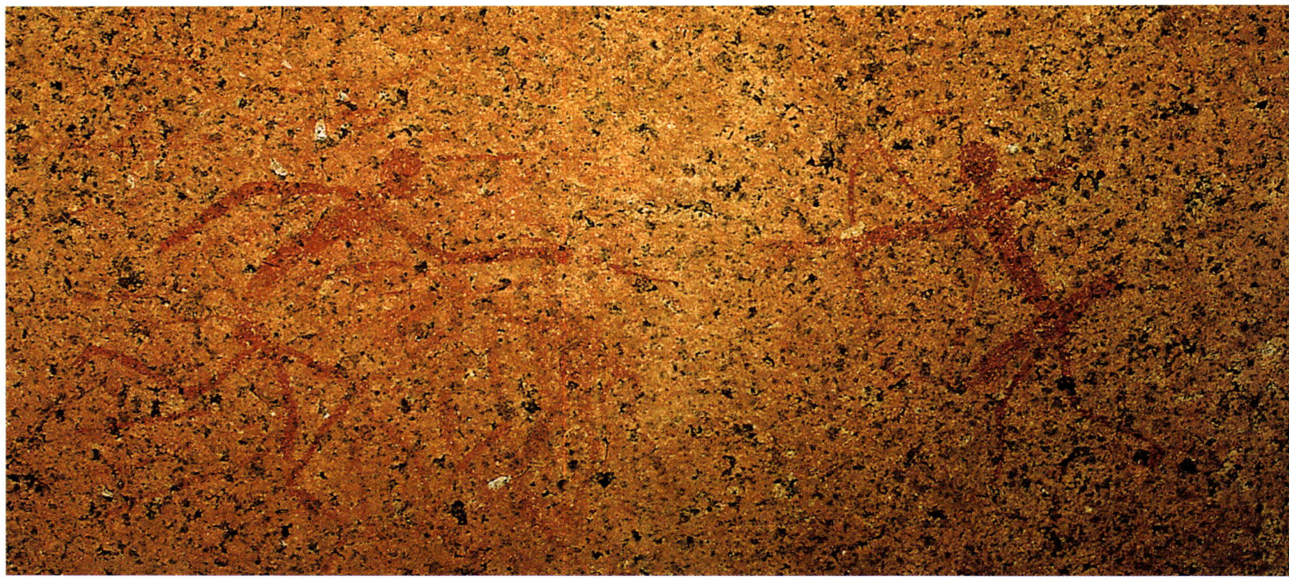

wenn sie sich in beiderlei Hinsicht ausreichend ähneln. Um dies festzustellen, besitzen wir ein Standardverfahren, das diese Merkmale mit einem streng festgelegten Kriterienkatalog bewertet.

Will man die Bedeutung einer Szene analysieren, so sind zuerst die Aktivitäten der Protagonisten zu betrachten. Hier vermag vor allem der Fokus weiterzuhelfen, der ja die Handlung erfaßt. Manchmal jedoch gibt es Szenen, deren Ausgestaltung oder Aufbau mehr Gewicht besitzen als die dargestellte Handlung – so zum Beispiel, wenn einzelne Figuren innerhalb einer Szene besonders aufwendig wiedergegeben sind, sei es in der Größe oder der Vielfarbigkeit. Allerdings ist dies im Brandberg nur in 10 Prozent der Szenen zu beobachten; ihr größter Teil ist durch gleichgerichtete oder interaktive Handlungen bestimmt.

Am deutlichsten läßt sich dieses Prinzip an einer der »legendären« Jagdszenen vorführen. Der Fokus ist natürlich jener Moment, in dem der Pfeil auf das Wild abgeschossen wird. Zum Setting gehören Details wie etwa die Art des Bogens und der Pfeile, eventuell auch abgebildete Pflanzen oder die Körperhaltung des Jägers. All das dient zur Bestimmung der näheren Umstände, unter denen diese Jagd stattfindet.

Auf diese Weise kann man die Aussage des Bildes in ihre einzelnen Bestandteile zerlegen, sortieren und abspeichern. Mittels Computer kann dann eine beliebig große Anzahl von Bildern überschaut und ausgewertet werden. Um zu vermeiden, daß man bei der Verschiedenartigkeit der einzelnen Bestandteile den Überblick verliert, ist es erforderlich, sie in möglichst wenige abstrakte Kategorien einzuteilen. Im täglichen Leben handeln wir ständig so: In vielen Fällen ist es für die Verständigung mit unseren Mitmenschen einfacher und besser, wenn wir zum Beispiel von einem »Baum« sprechen anstatt von einer Robinie, Hainbuche oder Latschenkiefer. Der Begriff »Baum« ist bereits eine Abstraktion, die wir noch verstärken können, wenn wir statt dessen »Pflanze« einsetzen. Durch die ständige Anwendung derartiger Kunstgriffe oder Kategorisierungen findet sich der Mensch in seiner Umgebung am besten zurecht.

Ganz ähnlich findet man sich auch in der Welt der Felskunst besser zurecht, wenn man die Darstellung einer Jagd nicht als »Jagd«, sondern allgemeiner und abstrakter als »Interaktion« faßt. Dabei handelt es sich um

116. Hier hat die Handlung der Teilnehmer an der Szene einen klaren Fokus in der zentralen Figur, der sich alle zuwenden. Im Setting stehen wieder Körperhaltungen, verschiedene Größen und Stöcke. Bild aus der Hungorob-Schlucht. Die zentrale Figur ist 20 cm hoch.

einen Spezialfall mit einem »austeilenden« Partizipanten (Mensch) und einem »empfangenden« Teilnehmer, dem Tier – also eine Interaktion, in der es eine Art »Machtgefälle« gibt. In diese spezielle Kategorie würde auch das Bild eines Mannes fallen, der einen anderen mit einem Stock schlägt – und genau das ist beabsichtigt. Der Sinn einer solchen Analyse liegt darin, die Bilder nach ihren Strukturen und nicht nach detaillierten Inhalten zu sortieren. Mit diesem Verfahren kann die schier endlose Vielfalt der Szenen in der Felskunst auf wenige Hauptmuster von Fokus und Setting reduziert und damit eine Übersicht hergestellt werden. Will man beispielsweise sämtliche Jagdszenen finden, so sucht man nach dem Fokus »Tier als Ziel einer spezialisierten Handlung«. Das bedeutet, daß alle Szenen herausgesucht werden, in denen die Handlung spezialisiert ist – also einen kulturspezifischen Lern- oder Abstimmungsprozeß voraussetzt – und auf ein Tier gerichtet ist.

Wenn »Erbsenzähler« eine Szene machen

Offen gestanden führt das hier gewählte Beispiel der Jagdszene, so griffig es sein mag, leider in die Irre, weil es nicht repräsentativ ist. Betrachtet man nämlich alle Felsmalereien in ihrer Gesamtheit, dann spielen Jagdszenen nur eine ganz untergeordnete Rolle. Noch seltener als die Jagd kommt das Sammeln in den Malereien vor, das scheinbar so gut wie nie dargestellt wurde. Dabei sind diese beiden Tätigkeiten so ausgesprochen typisch für jene Menschen, daß wir mit diesen beiden Begriffen ihre Gesellschaft gut charakterisieren können. Weiter oben wurde das Attribut »legendär« im Zusammenhang mit den Jagdszenen verwendet, weil in der Literatur, auch der wissenschaftlichen, immer wieder von Jagd oder gerne auch von Kampf die Rede ist, welche die Malerei angeblich bestimmen. Das geht aber – zumindest was die Felsbilder in Namibia anbelangt – an den Tatsachen vorbei. Das Hauptthema der Felsmalereien macht dort zu zwei Dritteln der 2000 bisher analysierten Szenen ein zunächst sehr banal erscheinender Fokus aus: Die Figuren zeigen eine »gemeinsame Blick- oder Bewegungsrichtung«, und darüber hinaus geschieht wenig Aufregendes. Im Setting dieser Szenen finden sich häufig Gestik (einfache Armbewegungen) oder das Mitführen von Gerätschaften (Stöcke, Bögen und Taschen). Die Menschen haben also bebildert, wie sie unterwegs sind, zumeist ohne Gepäck oder nur mit wenig Last.

In den Tierszenen überwiegt die einheitliche Blick- oder Bewegungsrichtung noch stärker, wobei 70 Prozent der Tiere nach links gewendet sind. Man hat versucht, eine derartige Ausrichtung von Motiven mit einer Logik des Entstehungsprozesses zu erklären, analog zur Schreibrichtung von Rechtshändern. Das vermag allerdings kaum zu überzeugen, denn wir kennen prähistorische Felskunsttraditionen, in denen die Orientierung nach rechts vorherrscht (so zum Beispiel in den Tierbildern Südafrikas oder der Libyschen Wüste). Die Völkerkunde führt viele Beispiele an, in denen mit dieser Ausrichtung nach rechts und links grundlegende Gegensatzpaare verbunden werden: Häufig ist die rechte Seite mit männlich, rein und gut verknüpft, während die linke für weiblich, unrein und böse steht. Für die Bilder des Brandberges erübrigt sich eine solche Festlegung, denn welches Konzept auch immer mit einer entsprechenden Orientierung verbunden gewesen sein mag, so bliebe immer noch die Frage: Kommen die Tiere von rechts, oder gehen sie nach links?

Wertet man die Bedeutungselemente der Szenen (Fokus, Setting und Teilnehmer der Szenen) statistisch aus, dann tritt zutage, was die Maler offenbar besonders bewegte. Grundsätzlich ist festzuhalten, daß die Szenen der Felskunst im Brandberg nicht nur bei Jagdmotiven oder den Darstellungen der Sammeltätigkeit Defizite aufweisen, sondern sich insgesamt nicht dafür eignen, den Alltag zu rekonstruieren. Man gab keine Einzelheiten, sondern Konzepte wieder – also große Ideen, vielleicht Weltanschauungen oder gar Kosmologien.

Um derart wichtige Inhalte jemals verstehen zu können, müssen wir uns zunächst auf einige Beobachtungen zu den Zahlenverhältnissen konzentrieren. Die prinzipielle Unterteilung in drei Geschlechter – neben den Männern und Frauen die *Personen* – ist in Kapitel 3 beschrieben worden. Diese Unterscheidung besteht in den Szenen mit derselben Gültigkeit weiter, denn auch hier bilden die drei Geschlechter aussagekräftige Gruppen. Besonders fällt jedoch auf, daß Männer und Frauen stets unter sich bleiben; trotz vieler hundert Szenen gibt es nur wenige, die Männer und Frauen zusammen zeigen. Dagegen vermischen sich Männer beziehungsweise Frauen regelmäßig mit den *Personen*. Einen Anklang an die Gegebenheiten des Alltagslebens erkennen wir indessen

117. Menschen gehen gemeinsam ins Irgendwo – das Hauptthema der Felsmalereien scheint zunächst nicht besonders aufregend zu sein. Eine Szene aus der Riesenhöhle in der Amis-Schlucht.

118. Kommen diese Tiere von rechts, oder gehen sie nach links? Schlangenfelsen, Hungorob-Schlucht.

119. Diese Szene wirkt schon fast klischeehaft: eine Kleinfamilie, bestehend aus den Eltern und zwei Kindern, ist unterwegs. Die Eltern tragen sowohl das Gepäck als auch jeweils ein Kind. Die Trageweise ist geschlechtsspezifisch: Männer tragen Lasten auf dem Rücken und Kinder auf den Schultern; Frauen tragen Lasten auf dem Kopf und Kinder auf dem Rücken.

in der Anzahl der Teilnehmer bei solchen Szenen. Hier beträgt der Durchschnittswert zwei Männer pro Szene, sofern alle Beteiligten tatsächlich als Männer gekennzeichnet sind. Frauen sind in den reinen »Frauenszenen« durchschnittlich zu dritt und *Personen* im Mittel sogar mit 3,5 Teilnehmern in unvermischten Szenen zu sehen. Männer und Frauen sind damit in Gruppengrößen dargestellt, die einer üblichen »Arbeitsgruppe« bei den San entsprechen: Die Männer gehen zumeist zu zweit auf die Jagd, während die Frauen zu dritt oder noch zahlreicher zum Sammeln unterwegs sind. Und die *Personen*? Hier gibt es ja keine Entsprechung in der Realität, und so könnten sie für die soziale Gemeinschaft insgesamt stehen. Da bei den *Personen* der Fokus »gemeinsame Bewegungsrichtung« besonders häufig anzutreffen ist, stellen sie die Tätigkeit dar, die für Verbände von Jägern und Sammlern typisch ist: Mobilität. Wenn es in einer solchen Gesellschaft eine Erfahrung gibt, die von allen gleichermaßen geteilt wird, dann ist es eben das »bewegte Leben«. Darin sind sich tatsächlich alle gleich, denn niemand kann es sich aufgrund von Alter, Geschlecht oder Status einfacher machen – mit einer Ausnahme: Wie einige Felsbilder zeigen, durften kleine Kinder schon mal bei Papa auf den Schultern oder bei Mama auf dem Rücken sitzen.

Zurück zur Statistik: Frauen sind insgesamt nicht nur seltener dargestellt als Männer, es gibt auch weniger Szenen mit Frauen. Trotzdem findet man an den großen Fundstellen – das heißt solchen mit über 200 Felsbildern – deutlich mehr Frauen als Männer und vielfach häufiger reine Frauen- als Männerszenen vor. Es spricht viel dafür, daß die umfangreichen Fundstätten den Frauen für ihre Aktivitäten dienten, während die Männer eher an den kleineren Fundorten malten. Sie bevorzugten offenkundig den individuelleren Rahmen, vielleicht während der Jagdzüge, bei denen sie auch unscheinbare Stellen in abgelegenen Gegenden aufsuchten. Dort fertigten sie

120. Das ist eine typische Männerstelle in der Ga'aseb-Schlucht, da sie nicht besonders geräumig ist und auch im direkten Umfeld nur relativ geringe Freiflächen aufweist. Hier kann eine kleine Gruppe für kurze Zeit campieren – etwa einige Jäger auf einem ausgedehnten Jagdzug.

121. Diese Felsbildstelle in der Karoab-Schlucht ist eine typische Frauenstelle. Sie hat zahlreiche überdachte Schlafplätze und große Freiflächen nahebei, die viel Raum für alle erdenklichen sozialen Aktivitäten lassen, seien es nun Tänze, Spiele oder Zeremonien.

Der Prahlhans bringt es zu nichts

Die San können es absolut nicht leiden, wenn sich jemand aufspielt. Um all diejenigen unter ihnen, denen das entfallen ist, auf Normalmaß zu stutzen, halten sie einen maliziösen Humor parat. Das mußte auch der amerikanische Völkerkundler Richard Lee schmerzlich erfahren. Obwohl er die San schon lange erforscht hatte, tappte er doch in die »Angeber-Falle«. Aber er war selbstironisch genug, diese Begebenheit in einem seiner Bücher ausführlich nachzuerzählen: Lee wollte zum Abschluß eines langen Forschungsaufenthaltes dem ganzen kleinen Dorf, in dem er gearbeitet hatte, seine Dankbarkeit erweisen. Nichts war dafür besser geeignet, als für alle einen Ochsen zu schlachten, so daß sich jeder mit Massen von Fleisch vollstopfen könne. Also kaufte er einen prächtigen Ochsen, der bis zu dem geplanten Fest noch bei seinem alten Besitzer bleiben sollte. Soweit lief alles wie gewünscht, doch an dieser Stelle machte Lee nun den entscheidenden Fehler: Er protzte mit der Fülle dieses Tieres und erzählte jedem, auch wenn er es nicht hören wollte, was für eine famose Völlerei es geben werde.

So etwas tut man aber nicht unter den San. In den folgenden Tagen kam nun einer nach dem anderen zu Lee und plagte ihn mit Bemerkungen über den Berg von Knochen, den er gekauft habe. Groß sei das Tier ja, aber alt und zäh, und man werde wohl mit knurrendem Magen von dem Fest heimkehren; vermutlich wäre es das beste, aus den Knochen eine ordentliche Brühe zu kochen und den Rest einfach wegzuwerfen. Selbst seine besten Freunde fragten ihn, ob er tatsächlich plane, das Fest allein zu verbringen, oder ob er doch noch andere einladen wolle. Lee war zunächst nicht zu beirren und glaubte an »seinen« Ochsen. Die steten Sticheleien und Gemeinheiten brachten ihn aber schließlich doch beinahe dazu, frustriert und übereilt abzureisen, ohne ein Festmahl zu geben. Nur der herannahende Termin ließ ihm keine Wahl.

An dem großen Fest trat er nun – endlich – bescheiden und zerknirscht auf. Er entschuldigte sich vor allen dafür, einen mageren, alten, ungenießbaren Ochsen erstanden zu haben – was er inzwischen tatsächlich selber glaubte. Als aber im nächsten Moment die ersten Schnitte des Schlachters durch Berge von Fleisch zeigten, daß der Ochse ein formidables Festmahl abgeben würde, brachen Kaskaden von Hohngelächter über Lee herein. Das ganze Dorf wälzte sich vor Vergnügen am Boden, denn alle hatten ihn in den vergangenen Tagen mit stiller Genugtuung, aber dennoch ernsthaft und gezielt auf die Schippe genommen. Ein jeder hatte das unausgesprochene Ziel verfolgt, Lee wieder auf den Teppich zu holen.

Um nicht ähnlich zurechtgestutzt zu werden, wird sich also ein heimkehrender San-Jäger still ans Feuer setzen, selbst wenn er eine kapitale Antilope erlegt hat. Höchstens auf Nachfragen wird er

122. Bescheidenheit sollte die Zier der Jäger sein. Dieser Jäger hier mag jedoch auf seine Schnelligkeit stolz gewesen sein. Orabes-Plateau. Größe der Figur: 14 cm.

dann erzählen, etwa in dem Sinn: »Oh nein, ich habe nichts gesehen, gar nichts. Naja, da war, glaube ich, nur so ein winziges Tier...« Hier werden seine Mitmenschen nun hellhörig reagieren und ihn weiter bearbeiten. Mit der Zeit werden sie alles erfahren, was für sie wichtig ist, doch sollte der Jäger tunlichst auf jede Übertreibung und jedes Eigenlob verzichten.

Diese Umgangsform wird unter den San genau beachtet und spielt sich immer wieder nach demselben Muster ab. Damit wird vermieden, daß einzelne Personen, die vielleicht tatsächlich begabte Jäger sein mögen, wegen ihrer Jagderfolge zunächst besondere Beachtung erlangen, mit der Zeit aber auch außergewöhnliche Vorrechte für sich ableiten. Denn das könnte auf die Dauer das Gleich-

123. Dieses Tierensemble läßt das Herz eines jeden Jägers höher schlagen. Umuab-Schlucht. Schulterhöhe der großen Antilope: 28 cm.

heitsprinzip der Gesellschaft in Frage stellen und wird deshalb nicht geduldet.
Diese Strategie gegen die Selbstüberschätzung einzelner wird sogar noch weiter verfeinert: Die San verschenken häufig persönlich markierte Pfeile, so daß jeder Jäger stets mit Pfeilen vieler verschiedener Personen schießt. Eine Jagdbeute gehört aber demjenigen, dessen Pfeil das Tier tödlich getroffen hatte, und nicht etwa dem erfolgreichen Schützen. Der »Besitzer« der Beute mag nun seinerseits das Aufteilen des Tieres einem anderen, häufig älteren Mann überlassen. Auf diese Weise wird das persönliche Interesse an der Beute immer geringer, und das gerechte Verteilen fällt um so leichter. Mit einer solchen sozialen Kontrolle, die von keiner Institution ausgeübt oder überwacht wird, sondern die jedem einzelnen in Fleisch und Blut übergegangen ist, wurde das Gleichheitsprinzip über die Jahrhunderte hinweg aufrechterhalten. Als Prahlhans konnte man es unter den San wahrscheinlich noch nie zu etwas bringen.

124. Viele Menschen, von denen fast jeder große Gesten zeigt. Vielleicht ist hier eine intensive Kommunikation anläßlich eines großen Treffens dargestellt.

ihre Motive an, die einen mittelbaren Bezug zur Jagd aufweisen: Männer mit Gerätschaften, die ihrerseits mit dem Beherrschen der Umwelt in Zusammenhang stehen. Man kann dies sehr allgemein und abstrakt verstehen, denn jedes Gerät hat ja die Funktion, sich die physikalischen Gesetze zunutze zu machen. So beherrscht man die Vorgänge und Gesetze der Natur – und letztlich auch das Jagdwild. Hier soll indessen nicht die Idee der Jagdmagie wiederbelebt werden, die einen direkten Zusammenhang zwischen Ursache und Wirkung, also zwischen Bild und Jagderfolg herstellt. Vielmehr mag das Anfertigen bestimmter Motive zum »korrekten« Verhalten eines Jägers gehört haben. Man erwartete dies von jedem Mann, damit die Ordnung des Kosmos nicht Schaden nehme. Ein solches, den Erwartungen entsprechendes Verhalten kennen wir von den San, die strenge Verhaltensvorschriften für die Jäger haben, etwa die sexuelle Enthaltsamkeit am Tage vor der Jagd sowie ein passives Verhalten, wenn der Pfeil sein Ziel getroffen hat und das Pfeilgift zu wirken beginnt. Möglicherweise mußten auch die Jäger der Urgeschichte ihr Tun immer wieder durch bestimmte rituelle Handlungen legitimieren.

Die Rolle der Frauen war ganz anders beschaffen – natürlich, ist man versucht zu sagen –, aber sie war weit davon entfernt, untergeordnet oder nachrangig zu sein. Sie fanden sich wesentlich häufiger an den großen Fundstellen ein, wo oft auch ein ausgedehnter offener Platz in der Nähe ist. Hier gab es genügend Raum und Gelegenheit zu verschiedenen geplanten wie spontanen sozialen Tätigkeiten, so daß sie sich meist in größerer Zahl dort aufhielten. Diese Aktivitäten mögen Spiele und Riten gewesen sein, und ein Bestandteil davon war auch das Malen. Betrachtet man die Motive, so spiegeln sie ein – vielleicht idealisiertes – Abbild der sozialen Wirklichkeit wider: Die Betonung lag auf Kooperation, Harmonie und Kommunikation. Denn während in den Szenen der Männer meist die Gerätschaften das Setting bilden, sind es bei den Frauen die Gesten, die zudem häufig aufeinander abgestimmt sind. Hier, an den großen und geräumigen Stellen, bestimmten also die Frauen, was zu tun war, wie der Ort und das Leben zu gestalten waren. Die Männer hatten ja »draußen« alle Freiheiten. So zeigt sich doch auf indirekte Weise, daß die Frauen als Hüterinnen der Wohnstätten galten, daß sie, mehr als die Männer, für den Siedlungsplatz zuständig waren, aber auch für die Stätten mit religiöser oder ritueller Funktion. Wenn wir davon ausgehen, daß Frauen von Frauen und nicht von Männern gemalt wurden, so entsprach ihr Selbstbild nicht dem einer rührigen Hausfrau. Eine Hütte zu bauen, das Feuer zu unterhalten, das Essen zuzubereiten – nichts von alledem ist in den Bildern zu sehen. Statt dessen: Gemeinsinn, Zusammenarbeit und Austausch – der Kitt, der eine Gemeinschaft zusammenhält.

Wegen der hohen Zahl von Teilnehmern sind schließlich diejenigen seltenen Szenen besonders bemerkenswert, bei denen Männer und Frauen vermischt sind. Diese Bilder beziehen sich offenbar auf Ereignisse oder Gegebenheiten, die sich nur sporadisch ergaben, aber viele Leute betrafen und für Männer wie für Frauen eine gleich große Bedeutung besaßen. Sucht man in der Völkerkunde nach Entsprechungen, so stößt man bei den San auf Großversammlungen, die in guten Regenjahren stattfinden. Wenn die örtliche Nahrungs- und Wasserversorgung es erlauben, trifft man sich gerne mit bis zu mehreren hundert Menschen. Dann wird gefeiert und geschwelgt, und es werden »machtvolle« Tänze und Riten aufgeführt, denn allein die Ansammlung so vieler Menschen verleiht eine außerordentliche spirituelle Machtfülle. Aber auch bei den San bedeutet eine Vielzahl von Menschen eine ebensolche Vielzahl unterschiedlicher Auffassungen. So geben gerade solche Zusammentreffen mancherlei Anlaß zu Spannungen unter den Beteiligten. Folglich könnten die Bilder mit vielen Männern und Frauen in gemeinsamen Szenen zweierlei Funktionen erfüllt haben: Zum einen mögen sie ein Festhalten und eine Konzentration der rituellen Macht zum Ausdruck gebracht haben; zum anderen könnten sie aber auch Bestandteile von Riten und Tänzen gewesen sein, die der Schlichtung von Streitigkeiten zwischen den Anwesenden dienten. In jedem Fall wäre die ganze Gemeinschaft betroffen, und daher leuchtet die Verbindung von Männern und Frauen in diesem Zusammenhang durchaus ein.

Gemeinsinn als Leitmotiv

Will man nach der Analyse der Szenen ein Gesamtbild der Gesellschaft entwerfen, in der die prähistorischen Maler lebten, dann bietet sich folgende, weit gefaßte Hypothese an: Die Frauen sind die Gestalterinnen der Gemeinschaft, sie schaffen Zuordnungen, bilden und formen die sozialen Gruppen und üben eher im Hintergrund politischen Einfluß aus. Diese Position wird durch ihre Kompetenz im Bereich der Riten und folglich der Religion gestärkt. Die Männer stehen demgegenüber deutlicher mit Individualität und Rangunterschieden in Verbindung. Sie sind mit alltäglicher »Machtausübung« befaßt, die sich sowohl in der Beherrschung physikalischer Prozesse als auch in den »gesellschaftspolitischen« Beziehungen der Menschen untereinander ausdrückt. Anders als bei den Frauen gehört es zu ihren alltäglichen Gepflogenheiten, die Unterschiede nicht einzuebnen, sondern mit ihnen umzugehen, die Machtverhältnisse immer wieder neu auszuhandeln.

Dabei muß betont werden, daß unter »Macht« im Zusammenhang mit einer egalitären Gesellschaft von Jägern und Sammlern keine tiefgreifende politische Einflußnahme oder gar Führungsposition gemeint sein kann. Vielmehr soll darunter eine bestimmte Art von Einflußnahme und Festlegung verstanden werden, was geschehen soll und wie sich die Menschen zu verhalten haben. Da in einer offenen Wildbeuter-Gesellschaft aber immer die verhältnismäßig risikoarme Möglichkeit besteht, im Konfliktfall wegzugehen, um die Auseinandersetzung zu vermeiden, kann man sich bis zu einem gewissen Maß jedem Machteinfluß entziehen. So vermag Machtausübung hier nie in letzter Instanz auf Druck oder gar Gewalt beruhen. Macht gibt es bestenfalls als subtile, dezente und jederzeit in Frage stellbare Form der Führerschaft, die ihrerseits auf Kompetenz fußt.

Davon unberührt – und doch viel stärker – waren die *Personen*. Fernab von allen denkbaren Differenzen zwischen den Geschlechtern erzeugten sie eine einträchtige Stimmung und wirkten Unterschieden entgegen. So können wir aus den Szenen der Brandberg-Malereien herauslesen, daß die Kunst nicht um ihrer Schönheit willen geschaffen wurde, sondern um die Gemeinschaft auf das Wichtigste einzuschwören, was sie brauchte: den Zusammenhalt aller und den Verzicht auf jedes Konkurrenzdenken.

Wie Bedeutung durch Raum entsteht: Felsbildstellen im Brandberg

In seine Felle gehüllt, kauert ein grobschlächtiger Geselle in einer Höhle und versucht grunzend im trüben Schein einer Fackel Bilder an die Wand zu pinseln. So stellt man sich offenbar weithin die Entstehung prähistorischer Felsbilder vor, denn dieses Klischee ist so griffig, daß es allein Hunderte von Karikaturen zu diesem Thema gibt. Nur ist dieses Bild grottenfalsch. Denn es gibt auf der Welt vielleicht dreihundert bis vierhundert Höhlen mit altsteinzeitlichen Malereien, aber Zehntausende von oberirdischen Felsbildstellen – allein tausend im Brandberg. Hier kann man die Kunst bei Tageslicht betrachten, und sie ist ohne gefährliche Klettermanöver in einer offenen Landschaft erreichbar. Der Begriff »Höhlenmalerei« weckt zwar umfassende Assoziationen und erzeugt vielleicht einen heimlichen Schauder, aber er trifft auf die überwiegende Mehrzahl der prähistorischen Kunstwerke schlicht nicht zu. Angemessener für diese Stätten ist daher die Bezeichnung »Felsbildstelle«, die bewußt neutral gehalten ist.

Unbeweglichkeit ist keine erstrebenswerte Eigenschaft. Archäologen können ihr aber Vorteile abgewinnen, sofern es ihre Funde betrifft. Denn Felsbildstellen sind ein Inbegriff der Unverrückbarkeit, und damit geben sie dem Archäologen schon Antwort auf zwei grundlegende Fragen: Wo ist der Fund entstanden? Und: Wo wurde der Fund genutzt? »Hier«, antwortet die Felsbildstelle kurz und treffend.

Bei der Analyse der Felsbilder und ihrer Einbindung in das Umfeld können wir voraussetzen, daß die Maler einige Gedanken darauf verwendet hatten, wo sich ihre Bilder befinden sollten und inwiefern sich diese Stelle für die vorgesehene Nutzung eignete. Die umgebende Natur und die Felsen haben also teil an der Bedeutung der Malereien. Hier kommen Faktoren zum Tragen, die sich auf den Großraum beziehen: Wo liegt die Felsbildstelle, wie ist sie erreichbar, wo befindet sich die nächste Stätte, wie ist die Infrastruktur beschaffen (Wasser, Verkehrswege, Rohstoffe), wie groß und wie gut sichtbar ist der Felsen? Weitere Bedeutungsnuancen der Darstellungen sind an kleinräumige Aspekte geknüpft, etwa an die Sichtbarkeit der Bilder, das Raumangebot oder auch die Nutzungsmöglichkeiten der Stelle. Da es sich nicht um gerahmte Bilder handelt, die einfach umgehängt werden können, liegt es nahe, eben diese unveränderbare Örtlichkeit genau zu untersuchen.

Der Brandberg bietet den Vorteil, daß es hier in den letzten Jahrtausenden keine gravierenden Klimaveränderungen gegeben hat. Damit treffen wir auch heute noch Umweltbedingungen an, die sich kaum von jenen vor 2000 oder 4000 Jahren unterscheiden. Auch der Mensch hat keine größeren Eingriffe in die Natur vorgenommen, so daß sich die gesamte Landschaft weitgehend in ihrem Urzustand befindet – für archäologische Untersuchungen eine ideale Situation.

125. Die Landschaft am Fuß der Karoab-Schlucht nach einer guten Regenzeit. Zwischen den Felsblöcken auf dem flachen Hang im Vordergrund liegen vier Felsbildstellen. Folgt man der Schlucht, erreicht man nach mehr als einer Tagesreise den Sattel an ihrem oberen Ende in einer Höhe von 2000 m ü. NN.

Unter diesen hervorragenden Bedingungen war es nur folgerichtig, die Bilder im Brandberg mit dem Anspruch aufzunehmen, die Felskunst flächendeckend zu dokumentieren. So wurden in den erforschten Regionen (das sind 80 Prozent des Berges) ausnahmslos alle Felsbildstellen aufgezeichnet und kein Unterschied zwischen »lohnenden« und »nicht lohnenden« Bildern gemacht. Da der Berg als Natur- und Lebensraum durch seine Insellage präzise Abgrenzungen aufweist, sind Beobachtungen zur Verteilung der Felsbildstellen sehr aussagekräftig. Denn hier muß der Wissenschaftler nicht aus Gründen der Aufwandsersparnis irgendwo eine willkürliche Grenze ziehen, um die Masse an Informationen bewältigen zu können. In diesem Gebirge kann man die Verhaltens- und Bewegungsmuster der prähistorischen Menschen, wie sie in den Felsbildern zutage treten, vollständig erfassen.

Felsenfeste Zeichen von Beweglichkeit

Auch im Zeitalter von tragbaren Computern und der Satellitennavigation hat die Untersuchung von Felsbildstellen noch immer ihre archaischen Elemente: wunde Füße, quälender Durst, schmerzende Rücken und eine etwas unwürdige Furcht vor Schlangen und Leoparden. Man fühlt sich gerade so, wie es den Jägern und Sammlern vor Jahrtausenden ergangen sein muß, denn diese Empfindungen und Leiden mutet der Berg jedem zu, der ihn bezwingen will. Bei der Erforschung der Felsbilder vollzieht man das Landschaftserlebnis in einer Weise nach, wie es schon die Maler der Bilder erfahren haben müssen. Und so betrachtet man diese Stätten eine nach der anderen, staunt über gigantische Felsformationen mit Hunderten von Malereien und wundert sich über unscheinbare Blöcke, die nur ein einziges blasses Bild tragen; in manchen Gegenden stößt man auf Dutzende von Felsbildstellen, während man in anderen Bereichen stundenlang vergeblich nach den kleinsten Farbspuren sucht;

126. Eine Landschaft im Urzustand: Viele Jahrhunderte und Jahrtausende wirkten verschiedene natürliche Prozesse auf das Landschaftsbild ein. Die schwarzen und weißen Streifen im Hintergrund entstanden durch abfließendes Wasser, das zum einen Flechtenwuchs förderte (schwarz) und zum anderen Sinterablagerungen erzeugte (weiß). Dagegen kam die weiße Färbung auf der Granitplatte im Vordergrund durch den Urin von Dassies zustande, die dort seit Jahrhunderten ihren Bau haben.

127. Der Schlangenfelsen (links) in der Hungorob-Schlucht gehört fraglos zu den imposanten Felsformationen.

128. In seinem Innern hält der Schlangenfelsen dem Vergleich mit einer Kathedrale stand: Die Wände sind mit eindrucksvollen Bildern bedeckt, die dem Weltbild und den religiösen Vorstellungen ihrer Schöpfer entsprungen sind.

man genießt Schutzdächer mit weiten, geräumigen Überhängen, die herrlichen Schatten spenden, oder man kriecht bäuchlings in einen niedrigen Spalt, in dem kaum Platz zum Umdrehen bleibt, wenn man die Bilder an der Decke studieren will.

Eine Felsbildstelle hat also vielerlei Gesichter, es gibt kein »Standardmodell«. Die Variationsbreite der Formationen und Umgebungen ist immens – und dennoch lassen sich festgefügte Muster finden, kann so etwas wie eine »Durchschnittsstelle« herausgefiltert werden. Hierfür muß man aber erst eine große Anzahl von Stätten genauer kennenlernen.

Die Verteilung der Felsbildstellen im Brandberg hängt selbstverständlich von den großen und kleinen naturräumlichen Gegebenheiten ab, die Aufenthalt und Bewegungsweise in der gesamten Bergwelt bestimmen. Zu den grundlegenden Gliederungselementen gehören die drei Hauptregionen Fußzone, Hangbereich und Oberer Brandberg, mit jeweils eigenen Funktionen.

Die Fußzone ist rund um den Berg einfach zu erreichen; sie erstreckt sich im Norden und Nordwesten fast bis an das zumeist trockene Bett des Ugab-Flusses. Sie eignet sich insgesamt zur Jagd auf Großwild, das je nach Bewuchs hier mehr oder weniger zahlreich anzutreffen ist. In den letzten Jahrhunderten suchten auch Viehhirten dieses Gebiet auf, um in den Tälern, die aus dem Berg herausführen, ihre Schafe, Ziegen oder Rinder zu weiden. Für diejenigen, die den Berg besteigen wollten, boten sich in der Fußzone natürliche Sammelpunkte an, da es dort einige recht beständige Quellen gibt. Daher stößt man hier immer wieder auf Felsbildstellen, die zum Teil als gewöhnliche Aufenthaltsorte dienten, zum Teil aber auch deutlich erkennbar zeigen, daß man sich offenbar für den Aufstieg vorbereitete. An diesen Stellen weisen Unmengen von Steinabschlägen darauf hin, daß man große Gesteinsknollen zu Steinwerkzeugen weiterverarbeitete. So mußte man keine unnötigen Lasten den Berg hinaufschleppen.

Der Fuß des Berges war eine Aufenthalts- und Verweilzone, was für den Hangbereich nur in einigen Ausnahmefällen zutrifft. Die Berghänge waren hauptsächlich eine »Verkehrszone«, die man durchqueren mußte, um den Oberen Brandberg zu erreichen. Da aber dieser steile Anstieg an fast allen Stellen einen ganzen Tag in Anspruch nimmt, finden sich manchmal in günstigen Lagen regelrechte Etappenstationen, zumeist eine kleine Terrassenfläche und ein Felsschutzdach. Man kann sich leicht vorstellen, wie hier eine Gruppe von Jägern und Sammlern während des Aufstieges rastete oder auch übernachtete. Entsprechend beiläufig wirken die Bilder: oft sind es wenige, und unter den Motiven ist nichts Ungewöhnliches. Es waren eben nur Durchgangsstationen.

129. Hochflächen wie diese in der Hungorob-Schlucht waren stets beliebte Wohnbereiche, zumal sich hier am Ende der Fläche im Hintergrund einige ergiebige Wasserlöcher befinden. Außerdem ist die Bewegungsfreiheit nicht eingeschränkt, und so findet man hier etwa ein Dutzend Felsbildstellen um die Freifläche verteilt.

130. Das nördliche Umland des Brandbergs ist nicht so karg wie die südliche Umgebung und besitzt ein stärker gegliedertes Relief. Hier kann man auch Elefanten und Nashörner antreffen.

Denn das Ziel war stets der Obere Brandberg. Er liegt, vereinfacht ausgedrückt, oberhalb der 1800-Meter-Höhenlinie und damit um 1100 bis 1200 m über dem flachen Umland des Berges. Zwar thront der Gipfel weitere 700 m oberhalb, doch hat man erst einmal die 1800-Meter-Schwelle überschritten, kommt man wesentlich einfacher voran. Ausgedehnte Hochflächen, sanfte Hänge und flache Täler ermöglichen es, etliche Kilometer in wenigen Stunden ohne größere Mühe zurückzulegen. Hier oben finden sich auch immer wieder natürliche Zisternen im Felsen, in denen das Regenwasser über Monate steht. Der Obere Brandberg bietet den besten Lebensraum am ganzen Namibrand, und deshalb diese einzigartige Dichte an Felsbildstellen.

Ein weiteres Gliederungsmerkmal des Brandberges sind die Schluchten, die tief in den Berg einschneiden. Die größeren unter ihnen tragen Namen, deren Bedeutung meist schwer zu ergründen ist oder die, wie im Fall der Tsisab-Schlucht, widersprüchlich übersetzt daherkommen: Manche Einheimische sagen, der Name bedeute »Leopardenschlucht«, während sie für andere die »Schlucht der Darmwinde« ist. Die Schluchten sind die natürlichen Verkehrswege, denen man beim Aufstieg folgt. Einige sind viele Kilometer lang und enthalten bis zu zweihundert Felsbildstellen, andere erstrecken sich lediglich über wenige hundert Meter und bergen möglicherweise nur eine einzige Stätte mit Malereien. Die Künstler waren jedenfalls überall und nutzten viele Gelegenheiten zu einem Aufenthalt.

Wie aber ist die Verschiedenheit der Felsbildstellen zu erklären, und welche Gemeinsamkeiten gibt es trotz der Vielfalt? Um diese Fragen zu beantworten, muß man zunächst einmal betrachten, an welchen Orten die Malereien angebracht sind. Die Etappenstationen in den Hangbereichen wurden schon erwähnt, und dort tauchte bereits ein Element auf, das zu den häufigsten Merkmalen der Felsbildstellen gehört. Die Maler bevorzugten Felsformationen am Rande von Freiflächen, an denen etwa 80 Prozent der Felsbildstellen im Brandberg liegen. Manchmal mußten 10 x 10 m flachen Bodens genügen, in anderen Fällen standen mehrere Hektar völlig ebener Hochfläche zur Verfügung. Da der Berg größtenteils sehr unwegsam ist, verwundert es nicht weiter, daß die Menschen Wohnstellen suchten, an denen sie sich ungehindert bewegen konnten. Zudem hatten die Kinder auf den Plateaus und Terrassen sicher auch risikolos freien Auslauf.

Während die Felsbildstellen sich also sehr häufig auf Freiflächen befinden, vermag der Befund ein wenig zu überraschen, daß die Nähe zu Wasserstellen offenbar keine besondere Rolle spielte. Nur von wenigen Felsbildplätzen aus ist eine einigermaßen beständige Wasserstelle innerhalb von einigen Minuten erreichbar. Es gibt aber etliche Bereiche mit Dutzenden von Wohn- und Felsbildstellen, von denen aus man in trockeneren Jahren mehr als eine Stunde Wegs bis zum nächsten Wasserloch zurücklegen muß. Anders als in den Savannengebieten gab es hier jedoch keinen Grund, sich vom Wasser fernzuhalten, denn es bestand keine Gefahr, daß man hier Tiere vergrämte oder auf gefährliche Bestien stieß. Außer Vögeln leben im Oberen Brandberg keine Wildtiere, die regelmäßig die Wasserlöcher aufsuchen müssen.

Lange Wege scheute man also nicht. Manche der Routen wurden offenbar mit Felsbildern regelrecht markiert, was allerdings vor allem für die Zugänge durch die Schluchten gilt. Dort sind Felsen mit meist gut sichtbaren Malereien versehen, und dies sind im Wortsinne Wegemarken, denn sie begleiten den Wanderer bei seinem Aufstieg in die oberen Zonen. Außerdem bemalte man Felsen, deren herausragendste Eigenschaft offenkundig darin besteht, genau an einem der natürlichen Pfade zu liegen. Felsformationen, die sich für Wohnstellen oder als Schutzdächer eigneten, waren hier nicht gefragt.

Eine Sonderform dieser Wegemarken sind Felsbildstellen, die auffällige Geländepunkte kennzeichnen. Das sind mit schöner Regelmäßigkeit Granitblöcke, die auf einem Paß zwischen zwei Schluchten liegen und damit deutlich den Übergang von einer Geländeeinheit zur nächsten bezeichnen. Es ist durchaus möglich, daß auf diese Weise Territorien abgegrenzt wurden; aber es kann ebensogut sein, daß damit keine Grenze, sondern im Gegenteil eine Verbindung geschaffen wurde.

Andere landschaftliche Akzente, die ebenfalls durch Felsbildstellen hervorgehoben wurden, sind zum Beispiel Talausgänge, Gabelungen von Abflußrinnen oder Mittelpunkte von Becken. Man kann mit großer Gewißheit davon ausgehen, daß Felsblöcke, die sich an solchen Stellen befinden, auch mit Malereien versehen sind. In allen genannten Fällen tritt ein Konzept von Geländemerkmalen oder »Landmarken«, wie man sie auch nennen könnte, zutage, das sich für uns leicht erschließen läßt. Offensichtlich gliederte sich die Landschaft für die prähistorischen Menschen, ebenso wie für uns, in einzelne topographische Elemente auf. Das Landschaftsrelief bildete die Unterlage, um Merkpunkte für das räumliche Verstehen einzutragen.

131. Unter allen Merkmalen von Felsbildstellen ist am häufigsten eine Freifläche zu finden, die vermutlich nicht nur als Lagerplatz diente, sondern auch Raum für gesellige Tätigkeiten wie etwa Tänze oder Spiele bot. Bild aus der oberen Hungorob-Schlucht, etwa 2100 m ü. NN.

132. Die Südseite des Brandbergs fußt in der Namib-Wüste, und dennoch haben Menschen versucht, hier zu siedeln, wie die Reste einer Hütte am Fuß der Orabes-Schlucht zeigen.

133. Die Ga'aseb- und die Hungorob-Schlucht sind durch diesen Paß verbunden, der den Eindruck vermittelt, als sei er künstlich angelegt. Von Menschen geschaffen sind hier jedoch nur die Felsbilder auf einem der Felsen auf der rechten Seite. Er fungiert so als Wegemarke an dieser natürlichen Passage.

Allerdings erfüllen die Wegemarken nur eine spezielle Aufgabe, die etwa einem Achtel der Felsbildstellen zugeordnet werden kann. Viel häufiger ist dagegen die Nutzung von Abris oder Felsüberhängen als Wohnstätten. Es ist zwar nicht möglich, diese Verwendung gesichert zu belegen, da ein Zusammenhang zwischen den Bodenfunden und den Wandbildern nicht zweifelsfrei nachgewiesen werden kann. Dennoch ist das archäologische Fundgut so eng an die Felsbildstellen gekoppelt, daß es widersinnig wäre, anzunehmen, die Maler hätten an diesen Stellen nicht auch gelebt. So kann man aus den Steinwerkzeugen, Straußeneiperlen und dem Raumangebot einer Felsbildstelle folgern, wie man diese Stätte einst genutzt haben mochte. Natürlich geben auch die Bilder durch ihre Anzahl und Motive einen Hinweis darauf, in welcher Intensität hier rituelle oder religiöse Handlungen stattgefunden haben. Schließlich spielen Merkmale eine Rolle, die sich auf den Landschaftsraum in der unmittelbaren Umgebung der Fundstelle beziehen. Zu dieser natürlichen Infrastruktur, die das Leben vereinfacht, gehören alle Ressourcen, die der Versorgung mit Wasser, Nahrung und Rohstoffen dienen, ferner die natürlichen Gegebenheiten, die Mobilität ermöglichen und Schutz (Wohnraum) gewähren.

In sieben Stationen über den Berg

Bislang wurde eine ganze Reihe von Merkmalen aufgeführt, die bedacht werden sollten, wenn man Hypothesen über die Nutzung von Felsbildstätten aufstellt. Betrachtet man diese Faktoren nun vor dem Hintergrund, wie sich das alltägliche Leben von Jägern und Sammlern abspielte, so kristallisieren sich sehr konkrete Modelle heraus, welchen Tätigkeiten die prähistorischen Maler an den einzelnen Felsbildstellen und im Brandberg insgesamt nachgingen. Die systematische Auswertung von 62 Merkmalen der Gestaltung und Infrastruktur bei 300 Felsbildstellen ermöglichte es, die Fundstätten in sieben nachfolgend beschriebene Klassen einzuteilen. Auf diese Weise wird die gesamte Bandbreite der Fundstellen mit dem Lebensbild der prähistorischen Menschen in Einklang gebracht.

134. Dieses Motiv findet sich an der Wegemarke auf dem Paß: Menschen, die mit »großem Gepäck« unterwegs sind. Größe der linken Figur: 38 cm.

135. Auf diesen markanten Granitplatten in der Hungorob-Schlucht bilden zwei isolierte Steinansammlungen landschaftliche Akzente. Die rechte Anhäufung ist eine reich bemalte Felsbildstelle.

Klasse A: Markierungspunkt

Diese Markierungspunkte sind Ausdruck der räumlichen Organisation beziehungsweise des Raumempfindens der Maler. Es handelt sich dabei um Felsblöcke mit nur wenigen Bildern, die aber normalerweise gut sichtbar plaziert sind. Da solche Stellen der Kennzeichnung von Wegen oder auffälligen Geländepunkten dienten (Paß, Sattel, Beckenmündung, Talausgang), wählte man die Felsen nicht danach aus, ob sie sich als Wohnplatz eigneten. Die Fundstellen dieser Klasse liegen häufig isoliert, und die nächste Wasserstelle ist sehr weit entfernt. In den unteren Bergregionen, in den natürlichen Zugangswegen durch die Schluchten, findet man Reihungen solcher Felsbildstellen, während sie an der oberen Zone ohne erkennbares Muster verstreut sind. Dies paßt durchaus zu ihrer Funktion als Wegemarken, denn in den Schluchten gibt es keine Alternativen zu dem einen Hauptweg, während man in den oberen Zonen viele beliebige Pfade wählen kann.

136. An einer durchschnittlichen Felsbildstelle findet man regelmäßig ein solches Spektrum an Artefakten. Häufig befinden sich unter den Gegenständen, so wie hier, Reste der Herstellung von Perlen aus Straußeneischale.

Klasse B: Kurzzeit-Wohnplatz

Wegen Platzmangels und ungünstiger Versorgungsmöglichkeiten können Felsbildstellen dieser Kategorie nicht als dauerhafte Lagerplätze von Jäger- und Sammler-Gruppen gedient haben. Es könnten eher Ruhe- oder Übernachtungsstationen für Jäger auf ausgedehnten Jagdexpeditionen oder auf den langen Zügen einer ganzen Gruppe gewesen sein. Man findet diese unscheinbaren Blöcke aber auch öfter im Umkreis großer, dominierender Felsbildstellen vor. Hier wurde jedenfalls wenig gemalt, wobei die auffallend häufige Plazierung der Bilder nahe den besten Schlafplätzen auf eine gewisse »Schutzfunktion« hindeuten könnte. Die Fundstellen der Klasse B liegen niemals völlig isoliert, sondern in der Nachbarschaft vieler weiterer Felsbildstätten. Sie waren in das alltägliche Leben der Maler eingebunden und dienten nicht nur als Aufenthaltsorte, sondern auch als Knotenpunkte des sozialen Lebens. Diese Stellen konnten wegen ihrer »verkehrsgünstigen« Lage immer wieder aufgesucht werden, ohne daß es rituelle oder religiöse Anlässe dafür gegeben hätte. Wie die »Wegemarken« der Klasse A machen die Felsbildstellen der Kategorie B einen Anteil von etwa 15 Prozent aller Fundstätten aus.

Klasse C: Dauerwohnplatz

Diese Stellen weisen alle Merkmale auf, die zu erwarten sind, wenn sich eine Gruppe von Jägern und Sammlern auf Dauer einrichtet. Während der üblichen, jahreszeitlich bedingten Züge dürften die Verbände normalerweise eine Stärke von 20 bis 40 Personen erreicht haben. Die »Dauerwohnplätze« bieten für eine solche Anzahl von Personen nicht nur den nötigen Raum mit genügend Freifläche, sondern auch ein ausreichendes Nahrungs- und Wasserangebot in der Umgebung. Hier spielte sich das alltägliche Leben ab, das man anhand der zahlreichen archäologischen Funde rekonstruieren kann. Die im Verhältnis zur Raumgröße eher spärlichen Felsmalereien deuten hingegen an, daß hier nur in geringem Maße religiöse oder rituelle Handlungen vollzogen wurden. Der Anteil dieser Fundstellenklasse am Gesamtbestand beläuft sich auf zwei Prozent und ist damit sehr gering, doch kann man sie sehr präzise von den anderen Kategorien unterscheiden und darf sie aufgrund ihrer Größe keineswegs vernachlässigen.

137. Markierungspunkte stehen in einem engen Zusammenhang mit Mobilität, denn sie sind Merkzeichen an den Verkehrswegen. Allerdings kann man davon ausgehen, daß Jäger und Sammler ein gutes Orientierungsvermögen besaßen; sie brauchten also keine Erinnerungsstütze, sondern wollten wohl eher eine gewisse Besitznahme signalisieren.

Klasse D: Versammlungslager

Diese Fundstellen weisen einige Gemeinsamkeiten mit den Stätten der Klasse C auf, doch sind sie für noch größere Gruppen ausgelegt. Hier könnten 100 bis 150 Personen für mehrere Tage verweilen, denn es gibt viel Platz, sowohl in der Felsbildstelle selbst als auch unmittelbar davor, und außerdem eine nahegelegene gute Wasserstelle. Solch große Treffen können aber kein Zufall gewesen sein, sondern dürften mit geplanten Gemeinschaftsereignissen in Zusammenhang gestanden haben. So mochte eine Zeremonie beim Erreichen einer bestimmten Altersstufe oder eine Hochzeit viele Menschen zusammengeführt haben, aber auch ein außerordentlich regen-

138. Ein Versammlungslager wie diese Felsbildstelle in der Naib-Schlucht muß vor allem viel freien Raum bieten, um wie hier über hundert Personen Platz zu gewähren. Ergiebige Wasserstellen sind nur einen Steinwurf weit entfernt.

reiches Jahr könnte der Anlaß gewesen sein, um Verwandte und Bekannte wieder einmal zu treffen. Ähnliche Verhaltensweisen kennt man von den San der Kalahari, die keine Gelegenheit verstreichen lassen, um umfangreiche Versammlungen abzuhalten. Einerseits kann die große Anzahl der Anwesenden an diesen Plätzen an den zahlreichen archäologischen Hinterlassenschaften abgelesen werden; andererseits weist die ungewöhnliche große Menge von Felsbildern darauf hin, daß hier viele Riten ausgeführt wurden. Der Anteil dieser Klasse an allen Felsbildstellen liegt ebenfalls bei lediglich zwei Prozent, aber wegen ihrer Größe und vor allem der außerordentlichen Zahl von Felsmalereien kommt diesen Versammlungslagern eine ganz besondere Bedeutung zu. Sie enthalten einen nennenswerten Teil der gesamten Felskunst im Brandberg.

Klasse E: Ritueller Ort bei Gelegenheit

Diese Kategorie ist am weitesten verbreitet und umfaßt ein Drittel aller Felsbildstellen. Es handelt sich um Orte, die zunächst aufgesucht wurden, um dort zu wohnen. Das Malen ergab sich spontan oder zufällig während des Aufenthalts. Die Verweildauer betrug nur wenige Tage, und die Felsbildstellen boten jeweils höchstens 15 Personen Platz. Dementsprechend sind die archäologischen Funde hier spärlich, und auch die Anzahl der Felsbilder hält sich in Grenzen. Ähnlich wie bei den Stätten der Kategorie B (Kurzzeit-Wohnplatz) ließ man sich an einer fast beliebigen Stelle für kurze Zeit nieder, und dort ergab sich unvorhergesehen die Notwendigkeit, ein Ritual für die Gemeinschaft abzuhalten. Das Malen bildete einen Teil dieser Riten, die beispielsweise der Heilung oder dem Herbeiführen von Regen gedient haben könnten, aber nicht lange im voraus geplant und vorbereitet werden mußten.

Klasse F: Planmäßiger ritueller Ort

Hierbei handelt es sich um Plätze, die gut 20 Prozent der Felsbildstellen im Brandberg ausmachen. Sie beeindrucken häufig schon allein durch die Größe oder Lage der Felsformation und wurden eigens für Rituale aufgesucht. Sie eignen sich auch als Versammlungsorte für relativ große Menschenmengen, bieten jedoch in ihrem Umfeld keine so günstigen Versorgungsbedingungen wie zum Beispiel die Stätten der Kategorie »Versammlungslager«. Es gibt hier zahlreiche und vielfältige Malereien, allerdings kommen Bodenfunde nicht im selben hohen Maße vor. Diese Plätze waren sicher die Zentren des prähistorischen Alltags, denn in ihrer Umgebung befinden sich stets weitere ausgiebig genutzte Felsbildstellen. Zudem waren sie für religiöse und rituelle Angelegenheiten von Belang, vor allem für Zeremonien, die regelmäßig abgehalten wurden oder eine längere Vorbereitung erforderten. Man begab sich zu diesen Stellen, weil sie genügend Platz boten und vielleicht auch eine besondere spirituelle Kraft ausströmten. Der Besuch einer solchen Felsbildstelle war also ein geplanter Akt, und der Zielort war vermutlich schon festgelegt worden, bevor man den Berg bestieg.

Klasse G: Sanktuarium, Eremitage

Diese Bezeichnung soll zum Ausdruck bringen, daß es sich hier um geheimnisvolle Orte handelt, die sehr abgeschieden liegen und einen völligen Rückzug von der alltäglichen Welt erlauben. Ihre tatsächliche Nutzung ist mit diesen beiden Begriffen vielleicht gar nicht zu fassen, aber diese Stellen sind nicht nur wegen ihrer Lage weitab von den natürlichen Verkehrswegen bemerkenswert, sondern auch wegen der Tatsache, daß es ihnen an vielem mangelt, was sie zu Wohnstellen tauglich machen würde. Fast immer fehlen größere Freiflächen oder einfache Zugänge zum Wasser. Andererseits bieten gerade diese »Sanktuarien und Eremitagen« häufig höhlenartig umschlossene Räume. So könnten die Felsbildstellen dieser Kategorie Orte gewesen sein, an denen sich Mädchen oder Jungen während ihrer Initiation aufhielten. Die Abgeschiedenheit ist eine wichtige Voraussetzung für die Initiation beider Geschlechter nicht nur bei den San. Die Bilder zeigen, eines solchen besonderen Anlasses würdig, häufig ungewöhnliche Motive, die so angebracht sind, daß man sie nur im Innern der Fundstelle betrachten kann. Bei den Felsbildstellen der anderen Kategorien kann man hingegen die Darstellungen fast immer von außerhalb sehen. Die Fundstellen der Klasse G waren also vermutlich Schauplätze für kontemplative oder meditative Handlungen – Rückzugsbereiche, die nicht unmittelbar der üblichen Nutzung unterstanden, denn gewöhnlich suchte man den Brandberg ja als reichhaltige und relativ krisensichere Ressource auf. Hier fanden auch nicht die großen sozialen Ereignisse statt, wie etwa Tänze, denn hierzu reicht der Platz an den meisten dieser Stätten gar nicht aus. Mit einem Anteil von 14 Prozent an allen Fundstellen ist diese Kategorie überraschend häufig vertreten.

*

Die Einteilung der Felsbildstellen in verschiedene Klassen dient zunächst einmal dazu, die Funktion der einzelnen Orte festzulegen. Betrachtet man schließlich alle Stätten zusammen, so läßt sich ein Modell entwerfen, wie die gesamte Bergregion genutzt wurde. Häufig wiederkehrende Nutzungsweisen der Felsbildstellen geben darüber Aufschluß, weshalb die Menschen vornehmlich hierher gekommen waren.

Zum einen gilt es zu beurteilen, welche Motivation die Maler veranlaßte, den Brandberg zu besteigen. Vieles spricht dafür, daß es die äußeren Gegebenheiten waren, also alles, was der Wasser- und Nahrungsversorgung diente, ferner die Gewinnung von Rohstoffen und schließlich Wohnmöglichkeiten. Mit anderen Worten: die Beweggründe waren materieller Natur – was keineswegs ein moralisches Werturteil ist. Die meisten Felsbildstellen weisen einen Bezug zu einem oder mehreren der genannten Elemente auf. Der Gegensatz hierzu wäre ein ideeller Grund, den Berg zu erklimmen, gedankliche Inhalte wie etwa Vorstellungen, daß der Berg Sitz der Götter sei. Die Notwendigkeiten des Alltags wären in einem solchen Fall von untergeordneter Bedeutung, wie wir es bei den Felsbildstellen der Klasse »Sanktuarium und Eremitage« tatsächlich sehen konnten.

Es mag zunächst wie ein Widerspruch erscheinen, daß trotz der handfesten materieller Motive der Maler die meisten Felsbildstellen eine religiöse Funktion besaßen. Dies stimmt aber mit der Tatsache überein, daß die

139. Felsbildstellen, die als rituelle Orte gelegentlich genutzt wurden, trifft man überall an, denn an diesen Plätzen spielte sich auch das alltägliche Leben ab.

140. Diese Felsbildstelle in der Ga'aseb-Schlucht erfüllt alle Kriterien eines »Sanktuariums« oder einer »Eremitage«. Die Lage und die Bilder sind gleichermaßen beeindruckend, der Zugang ist jedoch nicht ungefährlich.

rituelle Tätigkeit an den meisten Stätten im Vergleich zur Aufenthaltsdauer äußerst intensiv war. Die Menschen führten also immer wieder Zeremonien aus, selbst wenn der Aufenthalt kurz war oder sich nur wenige Menschen daran beteiligten. Aber gerade dies ist ein durchgängiges Muster, denn Aufenthalte von längerer Dauer oder von vielen Personen bildeten die Ausnahme, wie man zum Beispiel an der geringen Anzahl von Felsbildstellen der Klassen »Dauerwohnplatz« und »Versammlungslager« erkennen kann.

Gemalt wurde so, daß auch die Allgemeinheit etwas davon hatte. Man kann sich gut vorstellen, daß der Maler oder die Malerin an den meisten Stätten von etlichen Leuten umgeben waren, die das entstehende Werk begutachteten und kommentierten. Die Bilder waren sicher nicht nur für Eingeweihte bestimmt, denn sie sind fast immer dort anzutreffen, wo sich das tägliche Leben abspielte.

141. So sieht es im Innern des »Sanktuariums« in der Ga'aseb-Schlucht aus: man hat die Auswahl zwischen einer grandiosen Landschaftsansicht und großartigen Felsmalereien (siehe Abb. 114).

Die rettende Insel im Meer der Trockenheit?

Mit den folgenden Charakteristika ist eine prototypische Felsbildstelle ausgestattet, also eine künstliche »Durchschnittsstätte«, die man sich in etwa so vorstellen kann: Ein mittelgroßer Granitklotz von acht Metern Höhe bildet an seiner Nordostseite einen weiten Überhang, der die Schlafplätze von etwa sieben Personen überragt. An der Wand über den Schlafstellen befinden sich ungefähr fünfzig Darstellungen, die vor allem Menschen und einige Tiere zeigen. Von der Hochfläche her, die sich vor dem Abri ausdehnt, sind die Bilder recht gut einsehbar. Am entgegengesetzten Ende der Terrasse, gerade noch in Rufweite, liegen zwei weitere Felsbildstellen. Geht man von dort fünfzehn Minuten weiter, stößt man auf eine Aushöhlung in einer Granitplatte, in der sich während einer guten Regenzeit mehrere Hundert Liter Wasser ansammeln.

Dies ist also die idealtypische Felsbildstelle im Brandberg, die trotz aller Varianten im einzelnen aus der Sichtung und Auswertung sämtlicher Stätten ermittelt werden kann. Doch auch das Verhalten der Menschen läßt sich anhand dieses Gesamtbefundes in einem Modell zusammenfassen.

Die Maler suchten den Brandberg als Versorgungsgebiet in Zeiten auf, in denen sie durch Umwelteinflüsse – zum Beispiel Dürren – in Bedrängnis geraten waren. Die Versorgungslage in den Savannen Zentralnamibias war dann sehr ungewiß. Die Menschen zogen in kleinen Gruppen von bis zu 15 Personen durch den Brandberg und wechselten alle drei bis vier Tage den Lagerplatz, da auch der Berg keine unerschöpflichen Wasserreservoire enthielt. Sie nutzten vielerlei Gelegenheiten, um zu malen, aber dies geschah fast beiläufig, so daß weder langwierige Vorbereitungen erforderlich waren noch der Platz besondere Bedingungen erfüllen mußte (vergleichbar etwa den gläubigen Moslems, die jederzeit mit einem minimalen Aufwand an Gestaltung einen beliebigen Ort in einen Gebetsplatz verwandeln können).

Da die Maler des Brandberges ihre Situation wohl zeitweilig als belastend empfanden, nahmen die Gefühle der Unsicherheit zu, und mit ihnen die Spannungen zwischen den Menschen. So gab es wahrscheinlich Gründe genug, um in einem gemeinschaftlich abgehaltenen Ritual das soziale Gefüge zu festigen. Hierzu gehörte auch das Malen, das der ganzen Gruppe zugute kam und an dem jeder teilhaben konnte. Die Felsbildstellen waren keine heiligen Bezirke, keine abgegrenzten Zonen, sondern alltägliche Lagerplätze, an denen die Bilder jederzeit präsent waren. Die Maler waren auch keine Spezialisten, die aus der Gemeinschaft als etwas Besonderes herausragten, sondern es war vielmehr jedem beliebigen und ausreichend talentierten Mitglied der Gesellschaft möglich, zu malen. Denn die Gruppen, die durch den Brandberg zogen, hatten sich mehr oder weniger zufällig zu alltäglichen Zwecken zusammengefunden; man hatte keine planvolle Auswahl von Personen mit besonderen Fähigkeiten getroffen. Die Malerei war ein ständig verfügbares Ausdrucksmittel, das die prähistorischen Jäger und Sammler fast nebenbei nutzen konnten, um ihre psychische Verfassung zu konsolidieren. Sie beschworen das normale Leben, wenn die Umwelt und vielleicht auch die sozialen Verhältnisse in einen kritischen Zustand zu geraten drohten. Die Felsmaler brachten mit den Menschendarstellungen ihre wichtigsten sozialen Werte – Gemeinschaft, Gleichheit und Mobilität – zum Ausdruck, und mit den Tierfiguren schufen sie die beruhigenden Bilder einer intakten Natur.

142. Mobil sein, um zu überleben – das Leben unterwegs ist wohl die einschneidendste gemeinsame Erfahrung aller Mitglieder einer Jäger- und Sammler-Gesellschaft. Auf diesem Bild in der Karoab-Schlucht werden auch Kinder mitgetragen. Größe der Figur ganz rechts: 18 cm.

143. Der Brandberg ist eine Bergoase, in die man sich zurückziehen konnte, wenn anderswo kein Auskommen mehr war.

Zwei Jäger

Das eigenartig scharfe Pfeifen eines Dassies ließ den Jäger aus seinem Mittagsschlaf hochfahren – und gleich schickte ihn ein heftiger Schlag auf den Kopf wieder zu Boden. Zum wievielten Male war sein Schädel eigentlich gegen diesen erbarmungslosen Granit gekracht? Warum war der Felsüberhang, unter den er sich mit seinem Freund in der Nachmittagshitze zurückgezogen hatte, auch so niedrig? Als sein Schmerz und das Gelächter des Jagdgenossen nachließen, überlegte er: Sie hatten bereits zwei Dassies und einen Felshasen erlegt, da sollten sie jetzt eher an den Heimweg denken, als noch einem Klippspringer aufzulauern. Sie würden ohnehin bis Sonnenuntergang unterwegs sein, zumal sie am Ende noch einen äußerst steilen Hang hinabsteigen mußten.
So zogen sie los und erörterten dabei die Frage, warum ihnen während des ganzen Jagdtages kein Klippspringer zu Gesicht gekommen war. Konnte es sein, daß seine Frau menstruierte und mit ihrer linken, unreinen Hand seinen Bogen berührt hatte? Aber dann hätte er das Wild vielleicht gesehen, jedoch nicht getroffen. Sein Begleiter meinte, viel wahrscheinlicher sei, daß die Natur ihnen zürnte, weil er seine Malfarben habe eintrocknen lassen und immer nur nehme, aber nichts gebe. Nun, der Freund hatte recht. Der Jäger hatte schon seit Wochen nicht mehr gemalt – weder die Tiere, die die Natur ihnen zur Nahrung gab, noch die Männer, die mit ihren schnellen Beinen und ihren tödlichen Bögen und Pfeilen die Macht hatten, der Natur diese Tiere zu entreißen. Seine Pfeile waren die besten, die es gab, und sein Bogen war stärker als die meisten anderen – aber dies alles nützte ihm nichts, wenn es ihm nicht gelang, den Ahnen der Tiere ein Zeichen seiner Genügsamkeit und seiner Kraft als richtiger und ernsthafter Jäger zu übermitteln. So stand sein Entschluß fest: Noch heute würde er seine Farben hervorholen und aus den Schwanzhaaren des Felshasen, den er erbeutet hatte, sich einen besonders feinen Pinsel machen. Dann könnte er ein Bild malen, wie er und sein Freund dahineilten, ihre Jagdbeutel unter dem Arm, wie sie den Berg durchkreuzten, der ihrer war, wie sie durch die Schluchten liefen und über Hochflächen rannten.
Ihre kleine Wohnstelle war gerade recht für ein solches Bild: nicht zu groß, nur eine winzige Freifläche davor und keine übermächtigen Bilder darin – eine richtige Männerstelle eben. Die immensen Überhänge mit den geräumigen Plätzen, das war nur etwas für Frauen, dort waren die Wände mit Bildern übersät, so daß man vor Ehrfurcht kaum laut zu sprechen wagte. Dort fanden vor allem die Frauen, was sie besonders gerne hatten: Bilder mit langen Reihen, die sie beim Tanz oder Spiel zeigten. Frauen mochten es halt, wenn viele Leute zusammenkamen – klar, dann bestimmten sie ja auch, was zu tun sei. Und am Ende gab es dann doch immer wieder Streit und laute Worte. Er war froh, jetzt nicht an einem solchen Platz zu wohnen, und er wußte auch schon, an welcher Stelle er sein Bild malen wollte: gleich neben dem prächtigen Oryx, den einer seiner Vorfahren vor vielen vielen Jahren genau über seinem Schlafplatz angebracht hatte. Dieser Oryx war schon recht blaß, der weiße Bauch und die scharfe Zeichnung des Gesichts waren nur noch schwach zu erkennen, aber er war immer noch ein Ausbund an Kraft und Schönheit.
Er war ganz in diese Gedanken versunken und folgte seinem Freund ohne aufzublicken, bis ihm der Geruch der Feuer, die ihre Frauen den ganzen Tag über gehütet hatten, in die Nase zog.

Business Hours
Monday to Friday
Summer: 8h00-5h00
Winter: 8h00-4h00
BRANDBERG COMMUNITY CRAFT PROJECT
welcome
come again.

Die Vergangenheit ist ihre Zukunft: Felskunst in unserer Zeit

Die Felsbilder zeugen von einer längst vergangenen Kultur – und dennoch haben sie eine Gegenwart und eine Zukunft; ihre Geschichte ist noch nicht beendet. Schon immer haben die Menschen auf die Kraft der Bilder reagiert, zumeist in sehr respektvoller Weise. Aber manchmal geschieht dies auch auf äußerst törichte Art, wie in den Fällen von Vandalismus. Wie auch immer, die Felskunst läßt die Menschen nie unberührt: für die einen drückt sie religiöse oder mythische Gefühle und Vorstellungen aus, und andere bewegt sie dazu, sich durch Schmierereien zum Narren zu machen.

Es ist in erster Linie der Mensch, der den Bestand der Bilder gefährdet, selbst wenn er sich ihnen nicht in zerstörerischer Absicht nähert. Doch schon allein beim Besuch einer Felsbildstelle kann man unbedacht und ohne bösen Vorsatz etliche Fehler begehen. Studien aus Amerika, Australien und Südafrika belegen, daß die Öffnung einer Bildstätte für den allgemeinen Besucherverkehr im Verlauf der Zeit deren Zerstörung nach sich zieht – wenn kein Personal zur Überwachung vorhanden ist. Diesem beklagenswerten Umstand kann abgeholfen werden, wenn sich jeder Besucher an einige einfache Regeln hält (siehe Verhaltenstips weiter unten).

Heutzutage ist die Felskunst häufig eine Attraktion für Touristen, die des Kunstgenusses wegen kommen und den kulturgeschichtlichen Stellenwert der Malereien schätzen. In der jüngsten Zeit gesellte sich eine weitere Interessengruppe hinzu: die ländlichen afrikanischen Gemeinden. Für sie ist die Felskunst zum einen eine Quelle ihrer Kulturgeschichte, zum anderen eine Einnahmequelle in der Tourismusbranche. Führungen zu den Felsbildstellen oder die Anfertigung von Souvenirs, die an Felsbilder angelehnt sind, eröffnen neue Verdienstmöglichkeiten. Da sich die Felsbilder häufig in abgelegenen Regionen befinden, ist hier jedes zusätzliche Einkommen hochwillkommen.

Aber auch die San knüpfen zum Teil recht hohe Erwartungen an die Felskunst, könnte doch die ausgedehnte Verbreitung der Malereien als Beleg gelten, wie weit sich das Heimatgebiet der San ehedem erstreckte. Und unter der Bevölkerungsgruppe der Damara gibt es ebenfalls einige, die die Felskunst ihrem kulturellen Erbe zuschlagen, selbst wenn ihre Geschichte in Namibia nach dem heutigen Forschungsstand nicht bis in die Zeit der Malerei zurückreichen dürfte. Die Macht der Bilder steht hier in so hoher Wertschätzung, daß man sich dieses Kulturgut aneignen möchte, selbst wenn es keine fortdauernde Tradition gibt. Und nicht zuletzt ist dieses Buch ein Zeichen für die Macht der Bilder: Auch wir versuchen, uns die Bilder anzueignen, indem wir sie ästhetisch ansprechend wiedergeben und versuchen, so viel wie möglich davon zu verstehen. Wir betrachten sie als ein Erbe der ganzen Menschheit.

Alle die genannten Gruppen müssen ein Interesse daran haben, daß die Felskunst eine sichere Zukunft hat. Das ist aber nur dann der Fall, wenn alle zum Schutz der Bilder beitragen. Nur unter diesen Bedingungen stellt die touristische und damit kommerzielle Nutzung keine Gefahr für die Felskunst dar. Für den Brandberg bleibt

144. Der Mythos der »Weißen Dame« lebt – ob als Emblem von Namibias Nationaler Denkmalbehörde, ob auf Weinetiketten aus Südafrika oder wie hier im Eingang zu den Kunsthandwerk-Werkstätten in Uis.

145. In Uis, dem einzigen Ort in der Nähe des Brandbergs, haben Bewohner eine Werkstatt gegründet, in der sie nach Motiven aus den Felsbildern Souvenirs gestalten.

146. In D'kar in Botswana gibt es seit einigen Jahren eine Kooperative von San, die mit Acrylfarben auf Leinwand malen. Sie haben eine ganz eigene künstlerische Sprache, allerdings finden sich darin keinerlei Anklänge an die prähistorischen Felsmalereien.

zu wünschen, daß die Bestrebungen, diese Stätte im Rahmen der UNESCO-Konvention zum Welterbe zu deklarieren, schon bald von Erfolg gekrönt sein werden. Als Kulturlandschaft, in der die natürlichen wie die kulturellen Bestandteile eine untrennbare Einheit bilden, würde dem Brandberg damit der höchste Schutz zuteil, den internationale Vereinbarungen gewähren können. Fest angestelltes Personal könnte den Erhalt der Kunstwerke gewährleisten, und ein in geregelten Bahnen gelenkter Tourismus würde als Einkommensquelle dienen. Die Zukunft der Felskunst ist somit auch die Zukunft der Menschen, die mit ihr leben. Die Felsbilder haben den Menschen vor Jahrtausenden geholfen, ihre Zuversicht in allerlei Bedrängnissen nicht zu verlieren, und die Malereien werden uns auch heute nicht im Stich lassen – wenn wir sie gut behandeln.

Wer eine Felsbildstelle besucht, sollte folgendes beachten:

- **Niemals Wasser oder andere Flüssigkeiten auf die Bilder sprühen** – es läßt die Farben verblassen und fördert die Ablagerung von Fremdstoffen auf den Bildern.
- **Bitte die Bilder nicht berühren** – winzige Partikel können sich lösen, und auch kleinste Mengen von Schweiß und Fett ergeben Ablagerungen.
- **Niemals Feuer an den Felsbildstellen machen** – Ruß und andere Rückstände schädigen die Bilder irreparabel.
- **Keinen Müll zurücklassen, Toilettenpapier unbedingt verbrennen** – wo einmal Müll liegt, wird mehr Müll folgen, und Müll zieht auch Schädlinge an.
- **Kein Camping an Felsbildstellen** – sie enthalten fast immer archäologische Funde, die durch längeren Aufenthalt zerstört werden könnten.
- **Nehmen Sie keine Mahlzeiten an Felsbildstellen ein** – die Essensreste ziehen Schädlinge an, die sich dort einnisten könnten.
- **Bitte wirbeln Sie keinen Staub auf** – Staub führt erwiesenermaßen zu starken Ablagerungen auf den Felsbildern.
- **Niemals irgendwelche Graffiti anbringen** (Namen, Initialen, Daten, Kritzeleien) – sie verunstalten die alten Kunstwerke, und jedes Graffito zieht weitere nach sich.

147. Genau wie die Felsmaler in Namibia es ehedem taten, ziehen die San in D'kar es vor, bei der Arbeit auf dem Boden zu hocken. Der hier gezeigte alte Mann namens Qwaa ist inzwischen leider verstorben – seine Bilder stehen aber nach wie vor international hoch im Kurs.

- **Bleiben Sie auf eventuell vorgegebenen Wegen** – jeder neue Trampelpfad zerstört einen Teil des natürlichen Umfeldes.
- **Bitte respektieren Sie Führer und Wächter, die Sie möglicherweise antreffen werden** – sie tun eine Arbeit, die zur Bewahrung des kulturellen Erbes beiträgt.
- **Bitte machen Sie auch Ihre Begleiter auf das richtige Verhalten an Felsbildstellen aufmerksam** – so können Sie zum Erhalt dieses einzigartigen Kulturerbes beisteuern.

Bei aller Vorsicht und Rücksichtnahme lohnt sich ein Besuch der Felsbildstellen in Namibia auf jeden Fall. Drei Orte bieten sich für eine ausführliche Besichtigung besonders an: die Tsisab-Schlucht im Brandberg mit der »Weißen Dame«, sodann Twyfelfontein, die bekannteste Stätte mit Gravierungen und Malereien, schließlich die Spitzkoppe, die äußerst verkehrsgünstig liegt. An allen drei Orten gibt es seit kurzem oder schon seit längerem bewährte Einrichtungen für Aufsicht und Führungen. Sie werden von den örtlichen Gemeinden organisiert, allerdings kann sich ihr Standard noch nicht mit der entsprechenden europäischen Infrastruktur messen. In Twyfelfontein gibt es aber einen guten Informationspavillon, in dem der Fundort und seine Kunst unter verschiedenen Aspekten dargestellt sind. Einen umfassenden Überblick über die Felskunst Namibias kann sich der Reisende überdies in einer ständigen Ausstellung im Nationalmuseum von Namibia verschaffen, das sich im Zentrum von Windhoek in der »Alten Feste« befindet.

Weitere bemerkenswerte Felsbildstellen sind auf privaten Farmen im Erongo-Gebirge zugänglich, wie etwa der Ameib-Ranch oder den Farmen Etemba, Anibib, Omandumba und anderen.

148. Die »Weiße Dame« hinter Gittern – diese Vorrichtung ist leider notwendig, um sie zu schützen. Oft führt nicht nur Vandalismus zu Beschädigungen, sondern unwillentlich auch das Verhalten von unzureichend informierten Besuchern.

149. Felsbilder sind ein jahrtausendealter Bestandteil der Natur, und ihre Bedeutung erschließt sich aus ihrer Verbundenheit mit der natürlichen Umgebung. Schutz der Felsbilder bedeutet daher immer auch Naturschutz.

Die nachfolgend aufgeführten Felsbildstellen sind einfach und ohne Geländefahrzeug zu erreichen:

- Die »Weiße Dame« in der Tsisab-Schlucht des Brandberges ist an der Straße von Uis nach Khorixas ausgeschildert. In der Regel bieten sich hier lokale Führer an, die den Besucher nicht nur zur »Weißen Dame«, sondern auch zu anderen, nahegelegenen Felsbildstellen führen können (Girl's School Shelter, Jochmann-Wand usw.). Für eine Besichtigung allein der »Weißen Dame« sollte man sich gut zwei bis drei Stunden Zeit nehmen, denn der Weg vom Parkplatz aus dauert über eine halbe Stunde, ist aber auch für Kinder oder rüstige ältere Menschen zu bewältigen. Jedoch sollten Sonnenschutz und Trinkflasche nicht vergessen werden, denn die Hitze in der Schlucht darf man nicht unterschätzen. Daher sollte man die Mittagshitze meiden. An Übernachtungsmöglichkeiten gibt es einen Campingplatz (ohne weitere Einrichtungen) nahe dem Parkplatz sowie eine weitere Campinggelegenheit in der 35 Kilometer entfernten Ortschaft Uis. Dort ist auch ein Restcamp mit Bungalows, großem Pool und Restaurant vorhanden. Hier befindet sich zudem die einzige Tankstelle im Umkreis von gut 100 Kilometern, dazu ein kleiner Laden mit Imbißangeboten. Im Restaurant (Brandberg Rest Camp) kann man auch Erkundigungen einholen, wenn man einen Aufstieg in den Brandberg plant (drei Tage müssen dafür angesetzt werden). Hier werden Führer vermittelt, die unerläßlich sind, doch sollte der Aufstieg sehr gut vorbereitet sein und nur von Personen unternommen werden, die sich körperlich in einer sehr guten Verfassung befinden. Professionell geleitete Touren in den Brandberg mit einem in Felskunst und Ökologie äußerst kenntnisreichen Führer bietet an: Damaraland Trails and Tours, P.O.Box 3073, Windhoek, Fax: 00264-61-239616.
- Die Station Twyfelfontein ist von der Straße aus zu erreichen, die von Khorixas nach Westen zur Skelett-Küste verläuft (direkt am Weg liegt der Versteinerte Wald). Neben dem empfehlenswerten Informationszentrum gibt es in Twyfelfontein einen Rundweg, der an den schönsten Stätten mit Gravierungen und Malereien vorbeiführt. Auch in Twyfelfontein sollte man sich einige Stunden Zeit nehmen. Obwohl etwa zwei Fahrtstunden entfernt, empfiehlt es sich, seine Übernachtung in Khorixas einzuplanen, das über einen Campingplatz und ein Rest Camp mit Bungalows verfügt. Khorixas besitzt darüber hinaus Geschäfte, eine Tankstelle und ein Krankenhaus.
- Die Spitzkoppe ist ein auffälliger Granitberg, etwa eineinhalb Stunden von Swakopmund entfernt, nicht weit von der Asphaltstraße nach Windhoek. Einige der hier befindlichen Felsbildstellen zeigen deutliche Spuren der Beschädigung, die von unverantwortlichen Besuchern herrühren, doch entschädigt eine Reihe sehenswerter Malereien für dieses Ärgernis. In einigem Abstand zum Berg ist wildes Campen zwar möglich, jedoch nicht ratsam, besser wählt man eine Übernachtung in Usakos oder Swakopmund.
- Über Usakos erreicht man auch die Gästefarm Ameib mit ihren bekannten Felsbildstellen und den berühmten Gesteinsformationen wie der »Bull's Party«. Die Farm bietet Campingmöglichkeiten und komfortable Mietbungalows an.
- Die anderen Farmen des Erongo-Gebirges mit interessanten Felsbildstellen werden zumeist über Omaruru angefahren. Informationen erhält man in Omaruru, wo auch Geschäfte, Souvenirläden, Hotels und Tankstellen zu finden sind.

Bei jedem Besuch einer Felsbildstelle sollte man sich in Erinnerung rufen: Der Schutz der Felsbilder ist auch Naturschutz, denn Felsbilder und Natur sind eine Einheit. Die Bilder sind ein jahrtausendealter Bestandteil der Natur, und ihre Bedeutung erschließt sich aus eben dieser Verbundenheit mit der Natur. Der einfachste, aber zugleich auch wirkungsvollste Grundsatz zum Erhalt aller archäologischen Fundstätten lautet:

Nehmen Sie nichts mit als schöne Fotos, und hinterlassen Sie nicht mehr als Ihre Fußspuren.

150. Eine Karte Namibias mit verschiedenen Attraktionen, die einen Besuch wert sind.

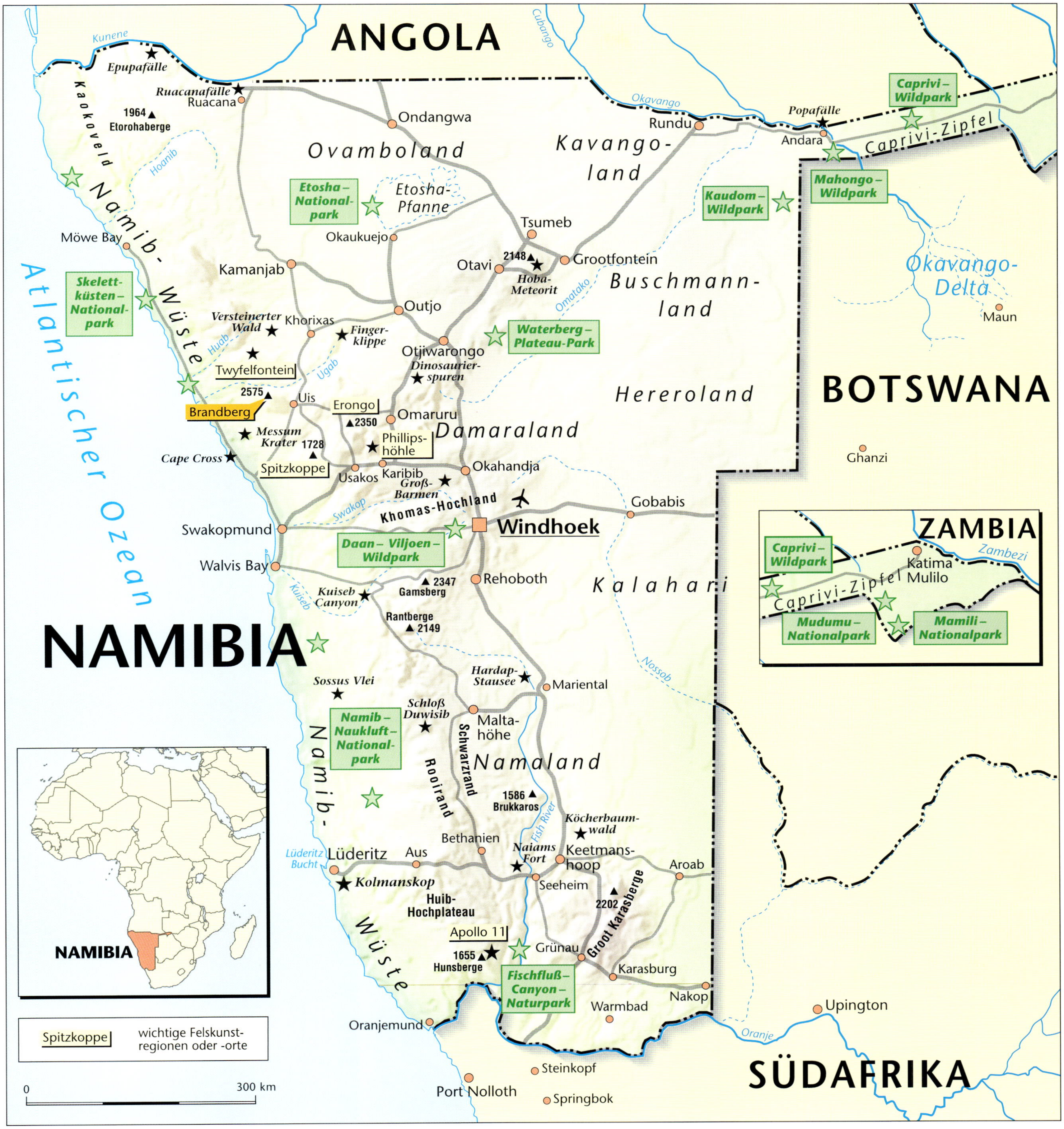
ANGOLA
NAMIBIA
BOTSWANA
ZAMBIA
SÜDAFRIKA
Atlantischer Ozean
Kunene
Epupafälle
Ruacanafälle
Ruacana
1964
Etorohaberge
Kaokoveld
Hoanib
Namib-Wüste
Möwe Bay
Skelett-küsten-National-park
Ondangwa
Ovamboland
Etosha-National-park
Etosha-Pfanne
Okaukuejo
Kamanjab
Versteinerter Wald
Khorixas
Finger-klippe
Outjo
Huab
Twyfelfontein
Ugab
2575
Brandberg
Uis
Erongo
2350
Omaruru
Messum Krater
1728
Phillips-höhle
Cape Cross
Spitzkoppe
Usakos
Karibib
Okahandja
Groß-Barmen
Khomas-Hochland
Swakop
Swakopmund
Windhoek
Daan-Viljoen-Wildpark
Walvis Bay
Kuiseb
Kuiseb Canyon
2347
Gamsberg
Rehoboth
Rantberge
2149
Cubango
Okavango
Rundu
Kavango-land
Tsumeb
2148
Otavi
Hoba-Meteorit
Grootfontein
Omatako
Buschmann-land
Otjiwarongo
Dinosaurier-spuren
Waterberg-Plateau-Park
Damaraland
Hereroland
Gobabis
Kalahari
Kaudom-Wildpark
Popafälle
Andara
Caprivi-Wildpark
Caprivi-Zipfel
Mahongo-Wildpark
Okavango-Delta
Maun
Ghanzi
Zambezi
Katima Mulilo
Mudumu-Nationalpark
Mamili-Nationalpark
Nossob
Sossus Vlei
Hardap-Stausee
Mariental
Schloß Duwisib
Malta-höhe
Namib-Naukluft-National-park
Schwarzrand
Rooirand
Namaland
1586
Brukkaros
Fish River
Köcherbaum-wald
Bethanien
Naiams Fort
Keetmans-hoop
Aroab
Lüderitz Bucht
Lüderitz
Aus
Kolmanskop
Seeheim
2202
Groot Karasberge
Huib-Hochplateau
Apollo 11
1655
Hunsberge
Grünau
Karasburg
Fischfluß-Canyon-Naturpark
Warmbad
Nakop
Oranjemund
Oranje
Upington
Steinkopf
Port Nolloth
Springbok
NAMIBIA
Spitzkoppe
wichtige Felskunst-regionen oder -orte
0
300 km

Kommentiertes Literaturverzeichnis

Felskunst und Archäologie

Breuil, Henri: The White Lady of the Brandberg, London 1955.
Hier legte Breuil die Bilder aus dem Fries der »Weißen Dame« in seinen farbigen Kopien vor, womit er sein Verständnis dieses Motivs weithin bekannt machte.

–: The Tsisab Ravine and other Brandberg Sites, Clairvaux 1959.
Der Verfasser suchte mehrere Schluchten des Brandbergs auf und kopierte dort Felsmalereien, so zum Beispiel in der Amis-Schlucht.

Breunig, Peter: Archäologische Untersuchungen zur Besiedlungs geschichte des Brandbergs, in: Harald Pager, The Rock Paintings of the Upper Brandberg, part I – Amis Gorge, Köln 1989, S. 17–45.
Bei der Grabung an einer großen Felsbildstelle des Brandberges wurde ein abgeplatztes Stück Malerei gefunden, mit dem man ein wichtiges Datum zum Alter der Kunst erhielt. Dieses Ergebnis und andere Forschungsresultate legt Breunig in seiner Studie vor.

Clottes, Jean, und David Lewis-Williams: Schamanen. Trance und Magie in der Höhlenkunst der Steinzeit, Sigmaringen 1997.
In diesem Buch legt David Lewis-Williams die Zusammenhänge zwischen Schamanismus und Felskunst dar; der französische Prähistoriker Jean Clottes untersucht auf dieser Grundlage die frankokantabrischen Bilderhöhlen.

Frobenius, Leo: Madsimu Dsangara. Südafrikanische Felsbildchronik, Band II. Die ethnographisch-prähistorischen Stile, Berlin, Zürich 1931.
Frobenius, der letzte große Afrikaforscher und -reisende, widmete sich auch der Felskunst des südlichen Afrika und bereicherte die Nachwelt mit einigen guten Kopien von Felsbildern. In seinen weitgehenden Interpretationen wies er unter anderem auf die Bedeutung des Schamanismus hin, der erst nach 1980 sein volles Gewicht in der Forschung entfaltete.

Jochmann, H.: Die Buschmannzeichnungen in Deutsch-Südwestafrika, in: Die Woche 12, 3 (1910), S. 113–116.
Die erste Veröffentlichung von Felsbildern aus dem Brandberg in einer populären Zeitschrift mit einigen kleinen und einfachen Zeichnungen.

Kinahan, John: Pastoral Nomads of the Central Namib Desert. The People History Forgot, Windhoek 1991.
In dieser archäologischen Arbeit zeichnet Kinahan ein Bild vom Übergang der steinzeitlichen Jäger und Sammler zu Schafhirten sowohl anhand archäologischer Bodenfunde als auch von Felsmalereien. Zum Teil recht umstrittene Thesen.

Kuper, Rudolph (Hg.): Weiße Dame – Roter Riese. Felsbilder aus Namibia, Köln 1991.
Begleitheft zu einer Ausstellung, in dem einige immer wieder gestellte Grundfragen zur Felskunst beantwortet werden.

Lenssen-Erz, Tilman: Bilder, die die Welt deuten – Prähistorische Felsmalereien im Brandberg, in: Klaus G. Gaida (Hg.), Erdrandbewohner, Köln 1995, S. 13–23.
Eine kurz gefaßter und einfach geschriebener Überblick über einige Hauptbedeutungen der Felsbilder im Brandberg. Besonderes Augenmerk wird ökologischen Aspekten und der Rolle der Frauen gewidmet.

–: Gemeinschaft – Gleichheit – Mobilität. Felsbilder im Brandberg, Namibia, und ihre Bedeutung, Köln 2000 (erscheint Ende des Jahres).
In dieser Arbeit werden theoretische und methodische Aspekte der Felsbildarchäologie diskutiert und eine umfassende Interpretation der Felskunst des Brandberges vorgelegt. Viele Gedanken, die im vorliegenden Band ausgebreitet werden, entstammen dieser Studie.

– und Marie-Theres Erz: Wo Kunst Geschichte macht. Felskunst im südlichen Afrika, in: Gertrud Boden, Jäger und Gejagte, Duisburg 1997, S. 70–79.
Zusammenfassende Darstellung der Verbreitung und Bedeutung von Felskunst im südlichen Afrika, unter Berücksichtigung der Malereien wie der Gravierungen.

– und Marie-Theres Erz: Zeitvergleich – Protokoll eines unmöglichen Dialogs, in: Klaus G. Gaida (Hg.), Zeitvertreib, Köln 1998.
Fiktives Zwiegespräch zwischen einem Felsbildforscher und einer Jäger-Sammlerin aus der Urgeschichte, in dem viele Aspekte der Felsbildforschung und der Völkerkunde berührt werden.

Lewis-Williams, David: Believing and Seeing, London 1981.
Das Hauptwerk von Lewis-Williams, mit dem er eine neue Ära in der Felsbildforschung einläutete. Neben dem Verweis auf den Stellenwert von Metaphern und Symbolen zeigt er hier deren Bedeutung in der Felskunst Südafrikas beispielhaft anhand der Elenantilope.

– und Thomas A. Dowson: Images of Power, Johannesburg 1989.
Hier legt der wichtigste Autor der südafrikanischen Felsbildforschung zusammen mit einem Mitarbeiter ein Handbuch zu den Merkmalen der Felskunst vor und erläutert, wie diese zu interpretieren sind. Auch für den Laien verständlich.

– und Thomas A. Dowson: Contested Images. Diversity in Southern African Rock Art Research, Witwatersrand 1994.
Eine Bestandsaufnahme der Felsbildforschung mit Beiträgen zahlreicher Autoren aus verschiedenen wissenschaftlichen Disziplinen.

MAACK, REINHARD: Die »Weisse Dame« vom Brandberg, in: Ethnologica N.F. 3 (1966), S. 1–84.

Erst hier legt Maack einen ausführlichen Bericht über die Entdeckung der »Weißen Dame« 1918 vor und erzählt weiterhin von anderen Erlebnissen aus jener Zeit in Namibia.

OBERMAIER, HUGO, UND HERBERT KÜHN: Buschmannkunst – Felsmalereien aus Südwestafrika, Florenz, München 1930.

In diesem Band wurde erstmals die »Weiße Dame« in einer Zeichnung von Reinhard Maack veröffentlicht. Betrachtungen über die Felskunst folgen hier noch sehr weitgehend den herkömmlichen Methoden der europäischen Kunstgeschichte.

PAGER, HARALD: Ndedema, Graz 1971.

Vermutlich das grandioseste Buch zur Felskunst weltweit. Pager beherrschte perfekt die Technik, große Schwarzweißfotos von Felsbildfriesen vor Ort zu kolorieren. Diese großformatigen Fotos werden heute in Johannesburg als eigenständige Kunstwerke ausgestellt.

–: Stone Age Myth and Magic, Graz 1975.

Nach seinem aufsehenerregenden Band ›Ndedema‹, der besonders der Materialvorlage diente, faßte Pager hier seine Interpretationen der Felskunst Südafrikas zusammen. In begrenztem Maße finden sich auch Bildwiedergaben aus dem Ndedema-Band.

–: The Rock Paintings of the Upper Brandberg. Part I – Amis Gorge, Köln 1989. Part II – Hungorob Gorge, Köln 1993. Part III – Southern Gorges, Köln 1995. Part IV – Umuab and Karoab Gorges, Köln 1998.

Dies sind die ersten vier voluminösen Bände, in denen die Felsbilder des Brandberges, nach Schluchten unterteilt, komplett vorgelegt werden. Jede Darstellung wird in einer Schwarzweiß-Umzeichnung im Maßstab 1:4 gezeigt und katalogisiert; die gut erhaltenen Bilder werden auch auf Farbtafeln wiedergegeben. Material für weitere drei Bände ist in der Bearbeitung durch ein Team des Heinrich-Barth-Instituts, Köln.

PAGER, SHIRLEY-ANN: Ein Besuch bei der Weissen Dame vom Brandberg, Windhoek 1999.

Ein kleiner, farbiger Führer, der dem Besucher eine Reihe von Grundinformationen bietet.

RICHTER, JÜRGEN: Studien zur Urgeschichte Namibias, Köln 1991.

Auswertung etlicher Ausgrabungen im Umkreis des Brandberges, bei denen Material aus den letzten 9000 Jahren gefunden wurde. Sie werden besonders im Hinblick auf das Alter der Felskunst in diesem Raum interpretiert.

RUDNER, IONE: Khoisan Pigments and Paints and their Relationship to Rock Paintings. Annals of the South African Museum 87 (1982).

Eine umfassende und historisch gut fundierte Arbeit über die Verwendung natürlicher Farben durch die verschiedenen Khoisansprachigen Gruppen im südlichen Afrika. Hier sind auch alle Quellen versammelt, welche die frühesten Bemerkungen zur Felskunst der Region enthalten.

SCHERZ, ERNST RUDOLF: Felsbilder in Südwestafrika. Teil I: Die Gravierungen in Südwest-Afrika ohne den Nordwesten des Landes, Köln, Wien 1970. Teil II: Die Gravierungen im Nordwesten Südwest-Afrikas, Köln, Wien 1975. Teil III: Die Malereien, Köln, Wien 1986.

Der Verfasser erstellte im Auftrag des Kölner Instituts für Ur- und Frühgeschichte ein landesweites Register der bekannten Felsbildstellen und katalogisierte alle Figuren, von denen ein Teil auch in Fotos oder Zeichnungen wiedergegeben ist. Von einigen Malereien wurden maßstabsgetreue Gemälde angefertigt, die hier großformatig reproduziert sind.

– UND ANNELIESE SCHERZ: Afrikanische Felskunst. Malereien auf Felsen in Südwest-Afrika, Köln 1974.

In Taschenbuchform legte das Ehepaar Scherz hier eine Auswahl von Felsbildreproduktionen vor, die schon vielen Künstlern und Graphikern zur Inspiration dienten.

VINNICOMBE, PATRICIA: People of the Eland, Pietermaritzburg 1976.

In ihrer Arbeit über die Felsmalereien der Drakensberge in Lesotho und Südafrika zieht die Verfasserin erstmals umfassend und kenntnisreich ethnohistorische Fakten zur Deutung der Felskunst heran. Zusammen mit Pagers ›Ndedema‹ und Lewis-Williams' ›Believing and Seeing‹ einer der Meilensteine der südafrikanischen Felsbildforschung.

VOGELSANG, RALF: Middle Stone Age – Fundstellen in Südwest-Namibia, Köln 1998.

Vervollständigung der Arbeiten von Wendt, in der aus der Zeit der frühesten Malereifunde (»Apollo-11-Platten«) verschiedene Ausgrabungen vorgelegt und interpretiert werden.

WENDT, WOLFGANG ERICH: »Art mobilier« aus der Apollo 11-Grotte in Südwest-Afrika. Die ältesten datierten Kunstwerke Afrikas, in: Acta Praehistorica et Archaeologica 5 (1974), S. 1–42.

Die archäologisch fundierte Präsentation der Fundumstände der bemalten Platten aus der Apollo 11-Grotte. Mit dieser Arbeit wurden die sensationellen Funde und ihre Datierung erstmals umfassend der Öffentlichkeit vorgestellt.

VÖLKERKUNDE

ARNOLD, RAINER: Der Wolkenschmaus – Märchen aus Namibia, Hanau 1987.

Eine Sammlung traditioneller Erzählungen aus Namibia, unter denen sich auch einige Legenden von im Lande ansässigen Gruppen der San finden.

BANNISTER, ANTHONY, UND DAVID LEWIS-WILLIAMS: Bushmen – A changing way of life, Kapstadt 1991.

Ein Bildband mit wunderschönen Bildern aus dem traditionellen Leben der San im Grenzgebiet von Namibia und Botswana. Die Texte von Lewis-Williams betonen den Kontrast zu den Problemen ihres heutigen Lebenswandels.

BARNARD, ALAN: Hunters and Herders of Southern Africa, Cambridge 1992.

Eine ethnologische und ethnohistorische Arbeit über die Vielfalt und den Wandel der Khoisan-sprachigen Gruppen im südlichen Afrika. Als Handbuch und Nachschlagewerk gut geeignet.

BIESELE, MEGAN: Women Like Meat. The folklore and foraging ideology of the Kalahari Ju/'oan, Witwatersrand 1993.

Die Verfasserin hat viele Jahre bei den Ju/'oan-San im Nordosten Namibias geforscht und stellt deren Weltbild mit Blick auf die Rolle der Frau vor. Ein empfehlenswertes Buch.

– UND PAUL WEINBERG: Shaken Roots. The Bushmen of Namibia, Marshalltown 1990.

Durch die Zusammenarbeit mit den San lernte die Verfasserin auch sehr genau die Probleme kennen, mit denen jene zu kämpfen haben. Das kleine Fotobuch ist ein engagiertes Plädoyer, das die Forderungen der San nach einem selbstbestimmten Leben unterstützt.

BLEEK, WILHELM H. I., UND LUCY LLOYD: Specimens of Bushman Folklore, London 1911.
Eines der wichtigsten Bücher zu den Überlieferungen der San. Die Verfasser ließen sich viele hundert Geschichten erzählen, die sie in der Sprache der /Xam und in Englisch aufzeichneten. Erst viele Jahre nach dem Tod von Bleek wurde diese Auswahl veröffentlicht und mit einigen Handzeichnungen der /Xam-Informanten vervollständigt.

BODEN, GERTRUD: Jäger und Gejagte, Duisburg 1997.
Katalog zu einer Ausstellung über die heutige Lage der San. Der Schwerpunkt gilt den Problemen, sich unter Zwang in eine Gesellschaft zu integrieren, die keinen Platz und kein Verständnis für das wildbeuterische Leben gewährt.

EIBL-EIBESFELD, IRENÄUS: Die Ko-Buschmann-Gesellschaft, München 1972.
Eines der deutschsprachigen Werke, das als Quelle akzeptabel ist. Hier schildert der Verhaltensforscher seine Beobachtungen im alltäglichen Verhalten der Menschen, unter besonderer Berücksichtigung der Kinder.

GUENTHER, MATHIAS: Bushman Folktales. Oral traditions of the Nharo of Botswana and the /Xam of the Cape, Wiesbaden, Stuttgart 1989.
Der Verfasser kennt die Nharo in der zentralen Kalahari aus vielen Feldforschungsaufenthalten. Er stellt die Geschichten, die er dort gesammelt hat, neben die Überlieferungen, wie sie Bleek und Lloyd ein Jahrhundert zuvor aufzeichneten.

KATZ, RICHARD: Num – Heilen in Extase, Interlaken 1985.
Der Verfasser hat sich intensiv mit der Trance bei den San beschäftigt. Sein Buch ist eine besonders wichtige Quelle für die Befürworter der These, daß die Felskunst des südlichen Afrika essentiell auf den Tranceerfahrungen der Schamanen beruht.

KÖHLER, OSWIN: Die Welt der Kxoé-Buschleute, 1–3, Berlin 1989, 1991, 1995.
Der Kölner Afrikanist hat zwischen 1959 und 1990 zwanzig Expeditionen zu den Kxoe in Nord-Namibia unternommen. Er zeichnete die Beschreibungen und Geschichten zu allen Lebensbereichen der Kxoe in ihren eigenen Worten auf und veröffentlichte sie in voluminösen Bänden.

LEE, RICHARD B.: The Dobe !Kung, New York 1984.
Eines der englischsprachigen Hauptwerke über das Leben der San im Grenzgebiet Namibia-Botswana, mit besonderem Augenmerk für ökologische Aspekte. Eine wissenschaftliche Arbeit, die unterhaltsam geschrieben und mit persönlichen Erlebnissen aufgelockert ist.

LIEBENBERG, LOUIS: The Art of Tracking. The beginning of science, Claremont (South Africa) 1990.
Anhand der Fähigkeiten der San beim Fährtenlesen zeigt der Autor, wie unser heutiges wissenschaftliches Denken eng mit den Überlegungen eines Wildbeuters verwandt ist. Sehr anregende Thesen.

LUIG, UTE: Konfliktlösung als Wiederherstellung von Gleichheit: Die !Kung San, in: KARL-HEINZ KOHL, HEINZARNOLD MUSZINSKI und IVO STRECKER (Hg.), Die Vielfalt der Kultur, Berlin 1990, S. 202–221.
Exemplarisch wird hier gezeigt, wie das traditionelle System der San darauf hinwirkt, alle entstehenden Ungleichheiten zu glätten.

MARSHALL, LORNA: The !Kung of Nyae Nyae, Cambridge, Mass., 1976.
Das Hauptwerk über die San der Kalahari. Die Familie Marshall verbrachte bereits in den fünfziger Jahren des 20. Jahrhunderts viele Monate bei den !Kung-San und begründete die Forschungen der Harvard-Universität über diese Menschen. Das Buch liest sich wie ein Roman und ist dennoch auch für Wissenschaftler hochinformativ.

SCHMIDT, SIGRID: Die Vorstellungen von der mythischen Urzeit und der Jetztzeit bei den Khoisan-Völkern, in: RAINER VOSSEN (Hg.), New Perspectives on the Study of Khoisan. Quellen zur Khoisanforschung 7, Hamburg 1988, S. 29–45.
Die Vorstellung, es habe eine Zeit gegeben, in der der Unterschied zwischen Menschen und Tieren noch keine Rolle spielte, ist unter allen Khoisan-sprachigen Gruppen verbreitet. Irgendwann sei es jedoch zu einem Bruch gekommen, bei dem die heutige Teilung der Welt in Menschen und Tiere entstand.

–: Katalog der Khoisan-Volkserzählungen des südlichen Afrikas, Teil 1 und 2. Quellen zur Khoisanforschung 6.1 und 6.2, Hamburg 1989.
Die Verfasserin verfügt sicher über die solidesten Kenntnisse der San-Überlieferungen. Hier legt sie einen Katalog ihrer über Jahrzehnte gesammelten Geschichten vor.

SHOSTAK, MARJORIE: Nisa erzählt. Das Leben einer Nomadenfrau in Afrika, Reinbek 1982.
Was der Titel vielleicht nicht vermuten läßt: Hier erzählt eine alte San-Frau aus ihrem Leben. Sie wuchs noch zu einer Zeit auf, in der ihre Gemeinschaft allein vom Wildbeutertum lebte. Trotz ihres Alters hatte sie gute Erinnerungen an ihre Kindheit und Jugend bewahrt.

SILBERBAUER, GEORGE: Hunter and Habitat in the Central Kalahari. Cambridge University Press, London 1981.
Dieses Buch gehört zu den grundlegenden Quellen unseres Wissens über die San. Es legt besonderes Gewicht auf die natürlichen Rahmenbedingungen, unter denen die San ihre wildbeuterische Lebensweise führten.

SKOTNES, PIPPA (HG.): Miscast. Negotiating the presence of the Bushmen, Kapstadt 1996.
Katalog zu einer Ausstellung, die auf besonders drastische und damit auch umstrittene Weise auf die Probleme der San aufmerksam machte. Das Autorenregister liest sich wie ein Who is who der Khoisan- und Felsbildforschung.

SZALAY, MIKLOS: Ethnologie und Geschichte: Zur Grundlegung einer ethnologischen Geschichtsschreibung. Mit Beispielen aus der Geschichte der Khoi-San in Südafrika, Berlin 1983.
Eine gute Aufarbeitung der Quellen zur geschichtlichen Entwicklung der Kontakte zwischen den ansässigen Khoisan-sprechenden Gruppen und den afrikanischen und europäischen Neuankömmlingen in Südafrika.

TANAKA, JIRO: The San Hunter-Gatherers of the Kalahari. University of Tokyo Press, Tokyo 1980.
Ein Buch mit ähnlichem Schwerpunkt wie die Arbeit von Silberbauer, das viel nützliches Faktenwissen vermittelt.

THOMAS, ELIZABETH: The Harmless People, Claremont 1988 ([1]1959).
Die Autorin, Tochter von Lorna Marshall, nahm an den Feldforschungen in der Kalahari teil. Sie schildert hier in Form eines Romans ihre Forschungen und zeichnet ein romantisches Bild vom Leben der San.

TOBIAS, PHILIP V. (HG.): The Bushmen: San Hunters and Herders of Southern Africa, Kapstadt 1978.
Der Verfasser ist einer der renommiertesten Forscher zu Fragen der Menschheitsentwicklung. In diesem Band hat er zahlreiche namhafte Autoren versammelt, die verschiedene Aspekte des Lebens der Khoisan-sprachigen Völker beleuchten.

WANNENBURGH, ALF, PETER JOHNSON UND ANTHONY BANNISTER: Buschmänner, Kapstadt 1984 ([1]1979).
Ein großartiger Bildband, der alle Bereiche des traditionellen Jagens, Sammelns und Lagerlebens zeigt – so aber eine heile Welt wiedergibt, die schon lange nicht mehr existiert.

N.B. Es gibt in deutscher Sprache eine beträchtliche Anzahl weiterer Bücher speziell über die San, sowohl älteren als auch neueren Datums. Sie wurden hier nicht aufgeführt, da sie oft leider voller Vorurteile stecken und ihr Informationsgehalt diesen Nachteil nicht ausgleichen kann. Diese Quellen enthalten Stereotype über die San, die aus dem Beginn des 20. Jahrhunderts stammen.

NATURKUNDE

APPS, PETER: Wild Ways. Field Guide to the Behaviour of Southern African Mammals, Halfway House 1992.
Ein populäres, sehr nützliches Büchlein mit vielen Fakten über das Verhalten der großen Säugetierarten Südafrikas.

CRAVEN, PAT, UND CHRISTINE MARAIS: Damaraland Flora – Spitzkoppe, Brandberg, Twyfelfontein, Windhoek 1993.
Ein sehr schön illustriertes Bändchen, in dem die auffälligsten Pflanzen der Region vorgestellt werden. Dabei wird immer die Art ihrer Nutzung bei den einheimischen Bevölkerungsgruppen dargelegt.

ESTES, RICHARD DESPARD: The Behavior guide to African Mammals, Berkeley 1990.
Obwohl als Fachbuch für den Wissenschaftler gedacht, kann dieser Band auch dem Laien viele Informationen zum Verhalten aller größeren Landsäuger vermitteln.

HALTENORTH, THEODOR, UND HELMUT DILLER: Säugetiere Afrikas und Madagaskars, München 1977.
Ein nützlicher Katalog der Tierarten Afrikas mit kurzen, aber umfassenden Informationen über Aussehen, Lebensraum, Verhalten usw.

KOENEN, EBERHARD VON: Heil-, Gift- und eßbare Pflanzen in Namibia, Göttingen 1996.
Eine gute und ausführliche Sammlung vieler Pflanzen Namibias mit Bemerkungen über ihre Wirkungen und ihre Verwendung bei den einheimischen Bevölkerungsgruppen.

LOVEGROVE, BARRY: The living deserts of Southern Africa, Vlaeberg 1993.
Viele Pflanzen und Tiere des südlichen Afrika sind hochspezialisiert für das Überdauern von Trockenphasen. Hier werden alle Aspekte von Klima, Tier- und Pflanzenwelt wissenschaftlich fundiert dargestellt, und zwar in einer auch für den Laien gut verständlichen Form.

SCHNEIDER, KARL-GÜNTHER, UND BERND WIESE: Namibia und Botswana. Kultur und Landschaft im südlichen Afrika, Köln 1989.
Ein Reiseführer, der von zwei kenntnisreichen Geographen verfaßt wurde.

SEELY, MARY: Namibia – Drought and Desertification, Windhoek 1991.
Die Leiterin der international bekannten Wüstenforschungsstation in der Namib-Wüste hat in einem kleinen Büchlein die Probleme der Wüstenregionen Namibias verständlich dargestellt.

SMITHERS, REAY H. N.: The Mammals of the Southern African Subregion, Pretoria 1983.
Das Standardwerk über die Tierwelt des südlichen Afrika, für Laien wie für Fachleute nützlich.

INFORMATIONEN ZUR FELSKUNST DES BRANDBERGES IM INTERNET:

HOMEPAGE DES HEINRICH-BARTH-INSTITUTS
http://www.uni-koeln.de/phil-fak/praehist/afrika/hbiindex.html

HOMEPAGE DES NATIONALMUSEUMS VON NAMIBIA mit den vollständigen Texten der ständigen Felsbildausstellung im Museum:
http://www.natmus.cul.na

DANKSAGUNGEN

Für die Finanzierung unserer Arbeit am Heinrich-Barth-Institut an der Universität zu Köln danken wir der Deutschen Forschungsgemeinschaft und dem Wissenschaftsministerium NRW.
Was wäre unsere Arbeit ohne die tatkräftige Unterstützung folgender Kollegen und Freunde: Marietta Becker, Dan und Pat Craven, Klaus Günther, Maya Hallier, Daniela Holst, Rudolph Kuper, Efraim Mateus, Herbert Reeb, Werner Schuck, Angula Shipahu, Joe und Hiltrut Walter.
Wir danken dem Brandberg Community Craft Project und dem Kuru Development Trust für die Erlaubnis, in ihren Einrichtungen zu fotografieren.
Ein besonderer Dank für ihre Geduld gilt schließlich unseren Töchtern Annika und Kara, die mit unserer Arbeit groß geworden sind.